Normierung auf dem Prüfstand

GERMANISTIK
DIDAKTIK
UNTERRICHT
Herausgegeben von Ina Karg

Band 9

Marlon Berkigt

Normierung auf dem Prüfstand

Untersuchung zur Kommasetzung im Deutschen

Bibliografische Information der Deutschen Nationalbibliothek
Die Deutsche Nationalbibliothek verzeichnet diese Publikation in
der Deutschen Nationalbibliografie; detaillierte bibliografische
Daten sind im Internet über http://dnb.d-nb.de abrufbar.

Zugl.: Köln, Univ., Diss., 2013

Umschlaggestaltung:
© Olaf Glöckler, Atelier Platen, Friedberg

D 38
ISSN 1862-880X
ISBN 978-3-631-62882-9
© Peter Lang GmbH
Internationaler Verlag der Wissenschaften
Frankfurt am Main 2013
Alle Rechte vorbehalten.
Peter Lang Edition ist ein Imprint der Peter Lang GmbH

Das Werk einschließlich aller seiner Teile ist urheberrechtlich
geschützt. Jede Verwertung außerhalb der engen Grenzen des
Urheberrechtsgesetzes ist ohne Zustimmung des Verlages
unzulässig und strafbar. Das gilt insbesondere für
Vervielfältigungen, Übersetzungen, Mikroverfilmungen und die
Einspeicherung und Verarbeitung in elektronischen Systemen.

www.peterlang.de

Vorwort

Ich verlasse mich immer auf mein Bauchgefühl. Diese Reaktion erhielt ich mit weitem Abstand am häufigsten, wenn ich über das Projekt berichtete, welches mich nun zwei Jahre lang begleitet hat. Umso mehr spornte es mich aber auch an, mich weiterhin intensiv mit diesem facettenreichen Forschungsgebiet auseinanderzusetzen: der Kommasetzung im Deutschen.

Viele, nicht mehr zu beziffernde Stunden mit über 30.000 kontextual nicht zusammenhängenden Sätzen zu verbringen und diese bezüglich der norm- bzw. schriftsystemkonformen Kommasetzung zu untersuchen haben eine hohe persönliche Motivationsleistung gefordert und zeitweise auch Kraft gekostet. Bei allen Menschen, die mich während dieser wissenschaftlichen Reise begleitet und sowohl fachlich als auch emotional unterstützt haben, möchte ich mich an dieser Stelle bedanken.

Mein erster Dank gebührt meinen Eltern, deren Zuspruch und langjährige Unterstützung meine Promotion überhaupt erst möglich gemacht haben. Danken möchte ich auch den vielen mir nahestehenden Menschen – im Besonderen Igor Fehlert –, die mein immenses Mitteilungsbedürfnis ertragen haben, in vielen Momenten auf meine Anwesenheit verzichten mussten, aber stets in den richtigen Momenten für die nötige Ablenkung jenseits der Kommasetzung gesorgt haben.

Mein größter Dank geht an meine Doktormutter Beatrice Primus, die die Fertigstellung meiner Dissertation mit ihrem jahrelangen, geduldigen und kritischen Beistand, mit intensiven Gesprächen und mit vielen überzeugenden Ideen überhaupt erst möglich gemacht hat.

Widmen möchte ich die vorliegende Arbeit meinem Großvater Udo Berkigt. Leider hat er, aufgrund seiner schwerwiegenden Krankheit, die Fertigstellung dieser nicht erleben dürfen. Opa, es ist geschafft!

Köln, Juli 2012

Marlon Berkigt

Inhalt

Abkürzungsverzeichnis 11
1 Einleitung 13
2 Syntaktische Determination der Kommasetzung 19
   2.1   Begriffsbestimmung: Satzgrenze 23
3 Norm und System: Ein Vergleich 25
   3.1   Der Rechtschreibduden 26
   3.2   Koordination 28
       3.1.1   Syntaktische Entsprechung der kodifizierten Normen 29
       3.1.2   Zusammenfassung 33
   3.2   Infinitivkonstruktionen 33
       3.2.1   Syntaktische Entsprechung der kodifizierten Normen 37
       3.2.2   Zusammenfassung 41
   3.3   Herausstellungen 42
       3.3.1   Syntaktische Entsprechung der kodifizierten Normen 43
       3.3.2   Zusammenfassung 47
4 Norm- oder Systemkonformität: Eine empirische Untersuchung 49
5 Korpusrecherche: Anwendung der Kommasetzung 57
   5.1   Vorgehensweise 57
       5.1.1   Auswahl der Kontrollwörter 58
       5.1.2   Korpus 59
       5.1.3   Suchanfrage 61
   5.2   Ergebnisse 64
       5.2.1   Koordination 64
       5.2.2   Infinitivkonstruktionen 69
       5.2.3   Herausstellungen 80
   5.3   Zusammenfassung 88

Inhalt

6 Korpusrecherche: Außerhalb der neuen Normen (1996) 91
    6.1 Ergebnisse 92
        6.1.1 Koordination 92
        6.1.2 Infinitivkonstruktionen 96
    6.2 Zusammenfassung 101
7. Fazit 103
8 Anhang 111
    8.1 Daten der Korpusrecherchen 111
    8.2 Tabellen zur Korpusrecherche in Kapitel 5 112
        Kommasetzung bei koordinierten Hauptsätzen, die mit der koordinierenden Konjunktion »und« miteinander verbunden sind 112
        Kommasetzung bei »scheinen« mit kohärent angeknüpfter Infinitivgruppe 112
        Kommasetzung bei »brauchen« mit kohärent angeknüpfter Infinitivgruppe 113
        Kommasetzung bei inkohärenten Infinitivgruppen, die mit der Partikel »um« eingeleitet werden 113
        Kommasetzung bei »versuchen« mit fakultativ-kohärent angeknüpfter Infinitivgruppe 114
        Kommasetzung bei »versprechen« und »glauben« mit fakultativ-kohärent angeknüpfter Infinitivgruppe 114
        Kommasetzung bei Nachträgen, die mit »nämlich« eingeleitet werden | Nürnberger Nachrichten 115
        Kommasetzung bei Nachträgen, die mit »und zwar« eingeleitet werden 115
        Kommasetzung bei Herausstellung von »wie immer« 116
        Kommasetzung bei Herausstellung von »wenn möglich« 116
    8.3 Tabellen zur Korpusrecherche in Kapitel 6 117
        Kommasetzung bei koordinierten Hauptsätzen, die mit der koordinierenden Konjunktion »und« miteinander verbunden sind 117

Kommasetzung bei »scheinen« mit kohärent angeknüpfter
Infinitivgruppe 117
Kommasetzung bei inkohärenten Infinitivgruppen, die mit
der Partikel »um« eingeleitet werden 118
Kommasetzung bei »versuchen« mit fakultativ-kohärent
angeknüpfter Infinitivgruppe 118

8.4 Statistische Berechnung 119

Zu Abb. 2: Vergleich des Kommasetzungsverhaltens im
Geltungsbereich der alten Rechtschreibung (1991) und
der neuen Rechtschreibung (1996) bei koordinierten
Hauptsätzen, die mit der koordinierenden Konjunktion
»und« miteinander verbunden sind (in Prozent) |
Nürnberger Nachrichten 119

Zu Abb. 13: Vergleich des Kommasetzungsverhaltens
im Geltungsbereich der alten Rechtschreibung (1991) und der
neuen Rechtschreibung (1996) bei koordinierten
Hauptsätzen, die mit der koordinierenden Konjunktion
»und« miteinander verbunden sind (in Prozent) |
Frankfurter Allgemeine Zeitung 120

9 Literaturverzeichnis 121

Abkürzungsverzeichnis

IG   Infinitivgruppe
K   Komma
SG   Satzgrenze
TZ   Sammelgruppe der neben dem Komma verwendeten Trennungszeichen, wie beispielsweise Semikolon, Gedankenstrich, Klammern etc.

1 Einleitung

Die Interpunktion ist eine der ältesten Bestandteile der geschriebenen Sprache. Bereits in den Schriften der Griechen und Römer im Altertum sind Interpunktionszeichen anzutreffen – ihre damalige Funktion bezog sich jedoch ausschließlich auf die gesprochene Sprache. Satzzeichen waren einerseits Gruppierungsmittel zur übersichtlicheren Darstellung des Textes und andererseits Ton- und Pausenzeichen, die als Hilfsmittel für das sinngemäße laute Lesen dienten.[1] Gerade in einer Zeit nicht ausgeprägter Alphabetisierung der Bevölkerung hatte das empathische Vorlesen als Kommunikationsmedium eine besonders hohe Wertigkeit.[2] Interpunktion hatte somit eine rhythmisch-intonatorische Funktion, die dem Sprecher beim Vortragen eines Textes eine Hilfestellung geben sollte.[3] Die gebräuchlichsten Zeichen zur Pausenanzeige waren damals der Punkt, er ist das älteste Satzzeichen, und der Doppelpunkt.

Vornehmlich durch die Erfindung des Buchdrucks im 15. Jahrhundert veränderte sich langsam die Funktion der Interpunktion. Durch die Möglichkeit der einfachen Vervielfältigung hatten Texte in geschriebener Sprache nicht mehr alleine die Funktion des Vorlesens, sondern wurden immer häufiger für das stille Lesen produziert. Dies förderte den Wunsch nach einer klaren und überschaubaren Gliederung des Textes, nach einer Kennzeichnung der Satzstruktur im Schriftbild mithilfe der Interpunktion.[4] Dementsprechend ging im Laufe des 16. Jahrhunderts die rhythmisch-intonatorische immer mehr zugunsten einer syntaktischen Funktion verloren. Satzzeichen wurden vermehrt gesetzt, um die syntaktische Struktur der geschriebenen Sprache deutlich zu machen. So wird im 16. Jahrhundert die Virgel[5] zum wichtigsten syntaktischen Interpunktionszeichen[6]: Sie kennzeichnet Teilsätze bzw. Satzteile und wird auch als Gliederungszeichen

---

1 Vgl. Baudusch (1980): S. 194.
2 In der analphabetisierten Gesellschaft des Mittelalters spielte vor allem die Rezeption der Heiligen Schrift zur Verbreitung des christlichen Glaubens eine große Rolle. So ist zum Beispiel die Gliederung der lateinischen Bibelübersetzung durch Hieronymus im 4. bis 5. Jahrhundert unter anderem auf einen mündlichen Vortrag ausgerichtet und dementsprechend konnotiert.
3 Neue Forschungen belegen, dass die bis dato vorherrschende Annahme eines ausnahmslos prosodischen Prinzips der Kommasetzung im Frühneuhochdeutschen nicht haltbar ist. Slotta (2010) zeigt anhand einer Korpusanalyse von Martin Luthers Übersetzung des Matthäusevangeliums aus dem Jahr 1545, dass die darin verwendete Interpunktion fast ausnahmslos (zu 98,59%) syntaktisch motiviert ist.
4 Vgl. Baudusch (1980): S 197.
5 Heute als Schrägstrich oder »Slash« bekannt.
6 Vgl. Baudusch (1987): S. 125.

bei Aufzählungen verwendet. Im Laufe der Zeit wird sie jedoch schließlich durch das Komma verdrängt, welches im Prinzip dieselben Funktionen besitzt wie die Virgel. Im gleichen Zug findet auch der Punkt zunehmend als Kennzeichnung von Ganzsätzen Anwendung. Darüber hinaus wird auch die Verwendung von anderen Satzzeichen, wie z. B. Fragezeichen, Semikolon und Doppelpunkt, gebräuchlicher.[7]

Zusammenhängend mit der Veränderung der Verwendung von geschriebener Sprache werden verbindliche einheitliche Regelungen zur Rechtschreibung und auch zur Interpunktion notwendig. Die ersten Versuche zur Kodifizierung der Interpunktionsregeln sind bereits im 15. und 16. Jahrhundert anzutreffen, doch erst im 18. Jahrhundert wird die Interpunktion zum grundlegenden Teil der Satzlehre.[8] Begründer dieser modernen deutschen Interpunktion war der Bibliothekar und Lexikograf Johann Christoph Adelung (1732–1806), der als erster *Satzteil- und Satztonzeichen* voneinander unterschied. Somit war der syntaktische Ansatz zur Begründung der Interpunktion geboren. Interpunktion bekam immer mehr die Funktion, die syntaktische Struktur des Textes für den Leser deutlich zu machen und somit eine Hilfestellung zur geistigen Erfassung des Geschriebenen zu geben.

Heute sind in der deutschen Sprache die Regelungen zur Interpunktion sehr umfangreich, hier vor allem die Normen zur Kommasetzung. Auch unter Sprachwissenschaftlern dominiert die Meinung, dass die Kommasetzung mit weitem Abstand diejenige syntaktische Konstruktion ist, die sehr komplex und schwer überschaubar ist.[9] Dabei ist das Komma das bei Weitem am häufigsten verwendete satzinterne Interpunktionszeichen.[10]

Das Komma ist ein schriftsprachliches Gliederungsmittel, das innerhalb eines Satzes syntaktische Strukturen markiert und dabei selbst keinerlei bedeutungstragende Funktion hat.[11] Das Komma ist somit ein satzinternes Gliede-

---

7   Vgl. Hartweg (1989): S. 100.
8   Vgl. Baudusch (1980): S. 199.
9   Diese Einschätzung teilt eine Vielzahl an Sprachwissenschaftlern und wurde so oder in abgewandelter Form schon in mehreren wissenschaftlichen Publikationen zum Ausdruck gebracht (vgl. Baudusch (1987), Eisenberg (1979), Nerius (1987), Primus (1993, 1997)).
10 Vgl. Baudusch (1987): S. 125.
11 Vgl. Eisenberg (1979), Gallmann (1985) und Primus (1993). Im Rahmen der Orthografieforschung wird dem Interpunktionszeichen oftmals auch eine semantische, bedeutungsschaffende Funktion zugeschrieben, die auf das ursprüngliche rhetorische Prinzip der Pausenmarkierung zurückzuführen ist. Die neuere, hier berücksichtigte Orthografieforschung geht hingegen davon aus, dass die Kommasetzung, fast ausnahmslos syntaktisch begründet ist und den Bezug zur intonatorischen Ebene größtenteils verloren hat.

rungszeichen und hebt sich dadurch von den Satzabschlusszeichen – Punkt, Fragezeichen, Ausrufezeichen – ab, da diese eine syntaktisch vollständig abgeschlossene Einheit anzeigen.

Das Komma kann in der deutschen Schriftsprache, je nach Verwendungsweise, unterschiedliche Funktionen innerhalb eines Satzes innehaben. So ist es beispielsweise innerhalb einer *koordinativen Verknüpfung* ein Gliederungszeichen, das die einzelnen Bestandteile, also die Konjunkte, voneinander abtrennt (vgl. (1.) und (2.)).

(1.) eins, zwei, drei
(2.) Der Vater schimpft, die Mutter weint, das Kind freut sich.

Auch trennt das Komma *subordinierte Einheiten* (Konstituentensatz) vom übergeordneten Satz (Matrixsatz) ab und verdeutlicht somit die Satzstruktur (vgl. (3.), (4.), (5.) und (6.)).

(3.) Der Beamte freut sich schon auf den Feierabend, obwohl er gerade erst gekommen ist.
(4.) Der Beamte, obwohl er gerade erst gekommen ist, freut sich schon auf den Feierabend.
(5.) Mir ist bewusst, dass Bonn nicht die Hauptstadt der Bundesrepublik Deutschland ist.
(6.) Dass Bonn nicht die Hauptstadt der Bundesrepublik Deutschland ist, ist mir bewusst.

In einigen syntaktischen Konstruktionen kann die Position des verwendeten Kommas auch die Aussage des Satzes beeinflussen (vgl. (7.) und (8.)).[12]

(7.) Sie freut sich, *auch* wenn du ihr nur eine Postkarte schreibst.
(8.) Sie freut sich *auch*, wenn du ihr nur eine Postkarte schreibst.

Eine weitere Funktion des Kommas ist die Anzeige einer *Herausstellung* innerhalb eines Satzgefüges:

(9.) Angela Merkel, die Bundeskanzlerin, ist auf Staatsbesuch in Italien.
(10.) Das ist Angela Merkel, die Bundeskanzlerin.

Innerhalb dieser drei Hauptverwendungsarten kann das Komma in den unterschiedlichsten Ausprägungen und Konstellationen eingesetzt werden und je nach Positionierung unterschiedliche syntaktische Strukturen markieren. Diese um-

---

12 Innerhalb dieser Konstruktionen verändert nicht das Interpunktionszeichen selber, sondern die Wahl einer entsprechenden syntaktischen Struktur die Gesamtausgabe. Das Komma ist lediglich Mittel zur oberflächlichen Markierung der jeweiligen syntaktischen Struktur (vgl. Primus (1993)).

fangreiche Anwendungsmöglichkeit des Beistrichs innerhalb der deutschen Schriftsprache mag auch ein Grund dafür sein, weshalb „unter den Zeichensetzungsfehlern [...] der Kommafehler weitaus am höchsten ist"[13].

In der Orthografieforschung ist größtenteils anerkannt, dass die Kommasetzung im Deutschen auf syntaktische Regularitäten zurückzuführen ist. Grundlegende Forschungsarbeit auf diesem Gebiet hat Beatrice Primus mit ihren Arbeiten geleistet,[14] in denen sie zeigt, „daß die Zeichensetzung, insbesondere die Kommasetzung, fast ausnahmslos syntaktisch begründet ist"[15]. Dementsprechend kann die Kommasetzung im Deutschen auch rein syntaktisch beschrieben werden (vgl. Kapitel 2).

Vom Großteil der deutschen Sprachbenutzer wird der Rechtschreibduden als normbeschreibendes und zum Teil auch als normgebendes Nachschlagewerk anerkannt. Dieser enthält, über ein umfassendes Wortverzeichnis hinaus, seit 1915 auch ein ausführliches Regelwerk zur Grammatik der deutschen Sprache.[16] Darin nimmt die Darstellung der Normen zur Kommasetzung bei Weitem den größten Raum ein.

> Das Komma ist ein Gliederungszeichen. Innerhalb eines Ganzsatzes grenzt es bestimmte Wörter, Wortgruppen oder Teilsätze voneinander oder vom übrigen Text des Satzes ab.[17]

Mit dieser kurzen und leicht verständlichen Definition wird das Kapitel mit den Kommasetzungsnormen im Rechtschreibduden[18] eingeleitet. Sie lässt jedoch noch nicht erahnen, dass auf den folgenden Seiten in insgesamt 32, mit vielen Beispielsätzen angereicherten Einzelregelungen versucht wird, dem Sprachbenutzer diesen komplexen Bestandteil des deutschen Schriftsystems zu verdeutlichen. Dabei ist die Darstellung überwiegend nach funktionalen Kriterien, wie beispielsweise ‚Kommasetzung bei Aufzählungen', ‚Kommasetzung bei Teilsätzen' und ‚Kommasetzung bei Hervorhebungen, Ausrufen, Anreden', kategorisiert, um dem Benutzer des Nachschlagewerks einen strukturierten Überblick über die verschiedenen Verwendungsmöglichkeiten zu geben.

Eben diese im Rechtschreibduden dargestellten Normen wurden in den vergangenen zwanzig Jahren im Rahmen des Reformprozesses der deutschen

---

13 Vgl. Baudusch (1987) und Rössler (1997).
14 Primus (1993) und (1997).
15 Primus (1993): S. 245.
16 Vgl. Eisenberg (1979) und Zabel (1997/II).
17 Einleitende Definition des Kommas im Duden (2006): S. 71.
18 Duden (2006).

Rechtschreibung[19] zum Teil grundlegend verändert. Dies betraf vor allem – wie später noch eingehend gezeigt werden wird (vgl. Kapitel 3) – die Normen zur Kommasetzung bei (Partizip-) und Infinitivkonstruktionen und bei koordinativ verbundenen Hauptsätzen. Unter Berücksichtigung eben dieser durch die Rechtschreibreform (1996) hervorgegangenen Normveränderungen zeigt der Vergleich der kodifizierten Kommasetzungsnormen mit dem syntaktischen Beschreibungsansatz von PRIMUS, dass die amtlich gültigen Rechtschreibregeln die syntaktische Determination der Kommasetzung mal mehr, mal weniger berücksichtigen. So wurden beispielsweise im Rahmen der Rechtschreibreform (1996) Normen eingeführt und zum Teil durch die Überarbeitungen in den Jahren 2004 und 2006 wieder aufgehoben, für die im Schriftsystem keine syntaktische Entsprechung zu finden ist. Wie in Kapitel 3 gezeigt werden wird, betrifft dies vor allem die Normen zur Kommasetzung bei Infinitivkonstruktionen und bei koordinierten Hauptsätzen, die durch eine echte koordinierende Konjunktion miteinander verbunden sind.

Aus dieser Tatsache resultieren – so PRIMUS' Annahme – oftmals Schwierigkeiten beim Sprachbenutzer, die vor allem bei kodifizierten Normen, die nicht syntaktisch motiviert sind, besonders anfällig für Kommasetzungsfehler sind.[20]

Ich werde in dieser Arbeit anhand zweier Korpusrecherchen untersuchen, wie kompetente Schreiber[21] Kommasetzung innerhalb der syntaktischen Konstruktionen anwenden, in denen die kodifizierte Norm, zumindest zeitweise, nicht mit den im Schriftsystem verankerten Regularitäten übereinstimmt und somit Kommasetzung bzw. Kommaauslassung nicht syntaktisch motiviert ist. Dabei fokussiere ich meine Untersuchung auf die syntaktischen Konstruktionen, die im Rahmen der Rechtschreibreform (1996) und deren Überarbeitungen (2004 und 2006) maßgeblich verändert wurden, nämlich die Kommasetzung bei Infinitivkonstruktionen und bei koordinativ verbundenen Hauptsätzen. Zentral

---

19 Die deutschen Bundesländer, Österreich, die Schweiz, Liechtenstein und weitere Staaten mit deutschsprachigen Bevölkerungsteilen verpflichteten sich am 1. Juli 1996 durch die »Wiener Absichtserklärung zur Neuregelung der deutschen Rechtschreibung«, die reformierte Orthografie bis zum 1. August 1998 einzuführen. Ziel war, das Rechtschreibregelwerk zu vereinfachen und für den Sprachbenutzer verständlicher zu gestalten. Aufgrund der kritischen Resonanz auf diese Reform entbrannte eine öffentliche Diskussion unter Sprachwissenschaftlern, Schriftstellern, Politikern und der Allgemeinbevölkerung, woraus schließlich zwei Novellierungen des Rechtschreibregelwerks (2004 und 2006) hervorgingen.
20 Primus (1993): S. 261.
21 An die Benutzergruppe der »kompetenten Schreiber« werden im Rahmen dieser Arbeit spezifische Anforderungen gestellt, die im Rahmen der Definition des für diese Arbeit berücksichtigten schriftsprachlichen Korpus in Kapitel 5.1.2 festgelegt werden.

ist dabei die Frage, ob Sprachbenutzer durchgängig die jeweils kodifizierte Norm annehmen und Kommasetzung normkonform anwenden oder ob tatsächlich – wie PRIMUS annimmt – ein vermehrtes normwidriges, aber schriftsystemkonformes Kommasetzungsverhalten festzustellen ist.

In einer ersten Korpusrecherche (vgl. Kapitel 5) untersuche ich anhand eines schriftsprachlichen Korpus das Kommasetzungsverhalten von Autoren der Tageszeitung *Nürnberger Nachrichten*. Diese Tageszeitung hat in ihrer Orthografie sämtliche aus der Rechtschreibreform (1996) hervorgegangenen Normveränderungen umgesetzt, sodass in den darin erschienenen Texten das Komma über den gesamten Untersuchungszeitraum normkonform eingesetzt werden müsste.

Über die Untersuchung des Kommasetzungsverhaltens der Sprachbenutzer innerhalb von Konstruktionen, deren kodifizierte Norm nicht dem Schriftsystem entspricht, hinaus wird innerhalb dieser Arbeit auch das Kommasetzungsverhalten bei Herausstellungskonstruktionen untersucht. Hier besteht in Bezug auf die tatsächliche Setzung des Beistrichs zwischen kodifizierter Norm und Schriftsystem kein Unterschied. PRIMUS und DUDEN kontrastieren jedoch, wie in Kapitel 3.4 gezeigt werden wird, auf Beschreibungsebene und sehen die Setzung des Kommas unterschiedlich motiviert.

Die zweite Korpusrecherche (vgl. Kapitel 6) soll Aufschluss über das Kommasetzungsverhalten kompetenter Schreiber geben, die das reformierte Rechtschreibregelwerk (1996) und die damit verbundenen Normveränderungen nicht berücksichtigt haben. Das Ergebnis dieser zweiten Korpusuntersuchung wird zeigen, ob die mit der Rechtschreibreform (1996) bei Infinitivkonstruktionen und koordinativ verbundenen Hauptsätzen eingeführte Liberalisierung der Kommasetzung aufgrund von vermehrtem nicht normkonformen Kommasetzungsverhalten der Schreibenden berechtigterweise eingeführt wurde.

Die Ergebnisse beider Korpusrecherchen werden es erstmalig ermöglichen, eine qualitative Aussage über den Einfluss der kodifizierten Normen auf das Kommasetzungsverhalten der Sprachbenutzer zu treffen. Sind diese ‚normhörig' und setzen den Beistrich innerhalb der hier untersuchten syntaktischen Konstruktionen stets entsprechend der Norm, auch wenn diese nicht auf eine schriftsystemimmanente Regularität zurückzuführen ist, oder setzen sie das Komma entsprechend des Schriftsystems, auch wenn daraus normwidriges Kommasetzungsverhalten resultiert?

2 Syntaktische Determination der Kommasetzung

Grundlage dieser Arbeit ist die Annahme, dass die Kommasetzung im Deutschen syntaktisch motiviert ist und dementsprechend schriftsystemimmanenten Regularitäten folgt. Diese Annahme wurde grundlegend in den Arbeiten von PRIMUS[22] behandelt, in denen gezeigt wurde, dass „die Normen der Kommasetzung in einer viel engeren Beziehung zu sprachlichen Regularitäten stehen, als in der bisherigen Orthografieforschung anerkannt wird."[23] In diesem Kapitel werden die wichtigsten Ergebnisse dieser Arbeiten dargestellt, eine vertiefende Betrachtung erfolgt anschließend im direkten Vergleich mit den Normen des Rechtschreibdudens (vgl. Kapitel 3).

Zentraler Bestandteil der Arbeiten von PRIMUS sind die im Folgenden dargestellten Bedingungen zur Kommasetzung im Deutschen (vgl. (I.)), die sich ausschließlich auf syntaktische Eigenschaften stützen und zeigen, „daß die Zeichensetzung, insbesondere die Kommasetzung, fast ausnahmslos syntaktisch begründet ist"[24].

> I. Ein Komma zwischen einem einfachen oder komplexen Ausdruck A und einem einfachen oder komplexen Ausdruck B ist regulär genau dann, wenn (a) und (b) oder (a) und (c) gelten:
> (a) Es gibt einen Satzknoten, der A und B dominiert.
> (b) Zwischen A und B interveniert eine syntaktische oder ‚semantische' Satzgrenze.
> (c) A und B sind koordiniert und die Koordination ist nicht durch eine echte koordinierende Konjunktion gekennzeichnet.

Im Vergleich mit den 32 im Rechtschreibduden (2006) abgedruckten Einzelregeln besticht diese rein syntaktische Regelung vor allem durch ihre Prägnanz. Doch um diese in Gänze erfassen zu können, bedarf es einer genaueren Betrachtung der einzelnen Bedingungen.

In Teilregel (a) wird das Komma als zweistelliges Interpunktionszeichen definiert, das zwischen zwei einfachen oder komplexen Ausdrücken positioniert wird, die von einem Satzknoten dominiert werden.[25] Diese Regel ist obligatorisch in Kombination mit Teilregel (b) oder mit Teilregel (c) zu verwenden und

---

22 Vgl. Primus (1993, 1997).
23 Primus (1993): S. 244.
24 Primus (1993): S. 245.
25 Primus (1993): S. 246.

grenzt das Interpunktionszeichen Komma eindeutig von anderen Satztrennungszeichen wie zum Beispiel Punkt, Semikolon oder Fragezeichen ab, da diese syntaktisch selbstständige, meist satzwertige Äußerungsmuster abschließen.[26] Demnach dient das Komma als syntaktisches Mittel zur Kennzeichnung satzinterner syntaktischer Strukturen.

In Bedingung (b) wird definiert, dass das Komma – in Verbindung mit Teilregel (a) – satzinterne bzw. satzmodusinterne Satzgrenzen[27] kennzeichnet.[28] Solche Satzgrenzen entstehen im Deutschen und in anderen Sprachen durch zwei Verfahren: Herausstellung und Satzsubordination.[29] Demnach sind satzwertige subordinierte Sätze obligatorisch mit Beistrich vom Matrixsatz abzutrennen (vgl. (12.)).

Eine Sonderrolle spielen jedoch Infinitivkonstruktionen, die aufgrund ihres Kohärenzverhaltens[30] mit dem Matrixverb einen Verbkomplex bilden und aus diesem Grund ihre Satzwertigkeit verlieren können.[31] Bildet der Infinitiv mit dem übergeordneten Verb des Matrixsatzes ein komplexes Prädikat, geht seine syntaktische Satzwertigkeit verloren und es darf – nach Teilregel (b) – kein Komma gesetzt werden (vgl. (11.)). Bildet der Infinitiv nur manchmal mit dem übergeordneten Verb ein komplexes Prädikat, so ist die Kommasetzung fakultativ und dem Schreibenden überlassen (vgl. (13.)).

(11.)   Nora pflegt jeden Abend ein Stück Schokolade zu essen.
(12.)   Rebecca lernt, um die Prüfung zu bestehen.
(13.)   Andreas versucht [,] mit dem Fahrrad die Alpen zu überqueren.

Auch aus dem Matrixsatz herausgestellte Elemente müssen nach Teilregel (b) aus syntaktischer Sicht obligatorisch mit Komma abgetrennt werden, da sie den gleichen syntaktischen Beschränkungen wie subordinierte Sätze folgen (vgl. (14.) und (15.)).[32]

---

26 Primus (1993): S. 246.
27 Vgl. Kapitel 2.1.
28 Nach Primus ist es für die Wirksamkeit dieser Regel nicht relevant, welcher der beiden Ausdrücke (A oder B) satzwertig ist. Sie definiert das Interpunktionszeichen Komma als „zweistelliges Graphem", sodass es für das Setzen des Kommas ausreichend ist, wenn eine der beiden Stellen satzwertig ist. Vgl. auch Primus (1993): S. 246.
29 Primus (1997): S. 479.
30 Vgl. Gallmann (1997): S. 435. „Kohärenz und Inkohärenz lassen sich formal weitgehend am Stellungsverhalten festmachen. Für die Kommasetzung gilt: Inkohärente (oder satzwertige) Infinitivgruppen werden mit Komma abgetrennt. Kohärente (oder nichtsatzwertige) Infinitive bilden mit dem übergeordneten Verb zusammen ein komplexes Prädikat und werden nicht mit Komma abgetrennt."
31 Primus (1993): S. 256. Vgl. hierzu auch Gallmann (1996).
32 Vgl. Primus (1998): S. 480.

(14.) Igor, hast du die Fernbedienung gesehen?
(15.) In Köln führen mehrere Brücken über den Rhein, und zwar sieben.
(16.) Geben Sie mir, bitte, noch etwas Zeit.[33]
(17.) Geben Sie mir bitte noch etwas Zeit.[34]

Herausgestellte Ausdrücke sind meistens selbst nicht satzwertig, stehen aber außerhalb des zugeordneten Satzes. Da dieser bei Fehlen des herausgestellten Elements sowohl syntaktisch als auch semantisch wohlgeformt sein muss,[35] ist aufgrund der durch Herausstellung entstandenen Satzgrenze Bedingung (b) erfüllt und Kommasetzung obligatorisch. Eine ‚stilistische Entscheidungsfreiheit' bezüglich der Kommasetzung schreibt PRIMUS dem Schreibenden in einigen Fällen nur in Bezug auf die Wahl der syntaktischen Konstruktion – d. h. für oder gegen eine Herausstellungsstruktur – zu (vgl. (16.) und (17.)). Auf syntaktischer Ebene besteht diese nicht.

Mit Teilregel (b) gelingt es PRIMUS, die Kommasetzung bei subordinierten, sowohl finiten als auch infiniten Sätzen und bei aus dem Satzzusammenhang herausgestellten Elementen auf Grundlage ihrer Satzwertigkeit syntaktisch zu beschreiben und festzulegen, wann Kommasetzung entsprechend des Schriftsystems angewendet werden muss oder nicht.

Teilregel (c) determiniert die Setzung des Kommas bei koordinativ verbundenen Ausdrücken.

(18.) eins, zwei, drei
(19.) eins und zwei und drei
(20.) Klaus backt Kuchen, Claudia schlägt Sahne.
(21.) Klaus backt Kuchen und Claudia schlägt Sahne.

Innerhalb dieser Konstruktionen ist Kommasetzung erforderlich, wenn die koordinierten Glieder nicht durch eine echte koordinierende Konjunktion wie »und« oder »oder« miteinander verbunden sind.[36] Die Komplexität der beteiligten Konstituenten spielt dabei keine Rolle (vgl. (18.) und (20.)). Zeigt eine echte koordinierende Konjunktion die Koordination an (vgl. (19.) und (21.)), so ist die Auslassung des Kommas nicht syntaktisch motiviert, sondern, wenn überhaupt,

---

33 Beispiel entnommen aus Duden (1991): R 115.
34 Beispiel entnommen aus Duden (1991): R 115. Im Original ist das Wort ‚bitte' in Kommas eingeschlossen.
35 Vgl. Primus (2008): S. 48.
36 Zu der Gruppe der echten koordinierenden Konjunktionen gehören darüber hinaus »(so)wie – als auch«, »weder – noch« und »entweder – oder«.

durch das funktionale Prinzip der Ökonomie der Markierung zu erklären,[37] d. h. die doppelte Markierung der Koordination wird vom Schreibenden zur Vermeidung von Redundanzen vermieden.

PRIMUS zeigt mit ihrem syntaktischen Beschreibungsansatz, dass die Kommasetzung im Deutschen syntaktisch eindeutig und strikt determiniert ist und aus diesem Grund auch mit syntaktischen, im Schriftsystem verankerten Regeln beschrieben werden kann. Dabei verzichtet sie – im Gegensatz zum Rechtschreibduden[38] – in Gänze auf extensionale Beschreibungsmuster. Aufgrund der Beschränkung auf die ausschließliche syntaktische Beschreibung gelingt es PRIMUS, die Kommasetzung im Deutschen in drei kompakten Teilregeln zu erfassen, die jedoch für einen mit der sprachwissenschaftlichen Terminologie nicht vertrauten Leser nur mit Mühe zu erfassen und anzuwenden sind.

Diese syntaktische Beschreibung der Kommasetzung im Deutschen kontrastiert deutlich mit den kodifizierten Normen. Ein erster grundsätzlicher Unterschied liegt schon in der Definition des Interpunktionszeichens »Komma« vor. Der DUDEN nimmt, wie auch viele weitere Sprachwissenschaftler,[39] die Existenz von zwei Ausprägungen des Kommas im Deutschen an: Einerseits als einstelliges Gliederungszeichen, das Aufzählungen voneinander abgrenzt, und andererseits als Doppelzeichen, welches Einschübe (Teilsätze oder Wortgruppen), die den Wortverlauf unterbrechen, einschließt[40].

> Das Komma ist ein Gliederungszeichen. Innerhalb eines Ganzsatzes grenzt es bestimmte Wörter, Wortgruppen oder Teilsätze voneinander oder vom übrigen Text des Satzes ab. Werden solche Wörter, Wortgruppen oder Teilsätze von zwei Kommas eingeschlossen, weil sie in den übergeordneten Text eingeschoben sind, so spricht man auch vom „paarigen" Gebrauch des Kommas.[41]

PRIMUS hingegen hebt diese Annahme auf und definiert das Komma als zweistelliges Interpunktionszeichen, das zwischen zwei „einfachen oder komplexen Ausdrücken A und B" steht. Damit postuliert sie ein Satzzeichen »Komma«, das nicht in zwei unterschiedlichen Ausprägungen auftritt.

Aufgrund der rein syntaktischen Betrachtung der Kommasetzung ergeben sich auch auf der Ebene der Kommasetzung Unterschiede zwischen kodifizierten Normen und syntaktischem Beschreibungsansatz. Im Rechtschreibduden

---

37 Primus (1993): S. 248.
38 Vgl. Kapitel 3.1.
39 Das Vorhandensein von zwei unterschiedlichen syntaktischen Ausprägungen des Kommas – des einstelligen Kommas und des paarigen Kommas – ist unter Sprachwissenschaftlern bis heute umstritten (vgl. z. B. Baudusch (1980), (1987) und Gallmann (1996)).
40 Baudusch (1987): S. 125.
41 Duden (2006): S. 71.

wurden immer wieder Kommasetzungsnormen kodifiziert, die nicht auf syntaktischen Regularitäten beruhen, nicht vom Schriftsystem abgedeckt sind und aus diesem Grund auch nicht von den vorab dargestellten Bedingungen (vgl. S. 19) erfasst werden können.[42] In Bezug auf die gültige Normierung (1991) kritisiert PRIMUS bereits 1993 in ihrer Arbeit, dass das Rechtschreibregelwerk syntaktische Regularitäten nicht ausreichend berücksichtigt und dementsprechend Normen kodifiziert sind, die nicht dem Schriftsystem entsprechen und damit in einer häufigen Fehlerquelle bei den Sprachbenutzern resultieren.[43] Diese nicht sprachsystemkonformen Normen werden in Kapitel 3 herausgearbeitet und deren Entwicklung im Rahmen der Reformbemühungen betrachtet.

2.1 Begriffsbestimmung: Satzgrenze

Der von PRIMUS verwendete Begriff der *Satzgrenze* erfordert für die weitere Untersuchung eine genauere Definition. Hier ist vor allem die Frage zu klären, wie eine Satzgrenze definiert ist und welche syntaktischen Auswirkungen das Vorliegen einer Satzgrenze mit sich bringt.

Grundsätzlich lässt sich zwischen einer »internen Satzgrenze« und einer »externen Satzgrenze« unterscheiden. Externe Satzgrenzen verlangen die Verwendung eines Satzschlusszeichens, wie Punkt, Fragezeichen oder Ausrufezeichen, und deuten damit auf einen vollständigen graphematischen Satz hin. Das Vorhandensein eines Satzschlusszeichens sagt jedoch in graphematischem Sinne nichts über die syntaktische Wohlgeformtheit der Konstruktion aus. Der DUDEN verwendet zur Definition eines wohlgeformten, vollständigen Satzes den Begriff des ‚Ganzsatzes' und definiert die externe Satzgrenze und die damit verbundene Verwendung des Satzschlusszeichens wie folgt:

> Der Punkt ist das neutrale Satzschlusszeichen. Er steht nach einem abgeschlossenen [auch mehrteiligen] Ganzsatz (sofern dieser nicht durch ein Fragezeichen als Frage oder durch ein Ausrufezeichen als besonders nachdrücklich gekennzeichnet ist). Bei

---

42 Im Verlauf der Reform der deutschen Rechtschreibung machte die Normierung zur Kommasetzung im Deutschen eine wechselseitige Entwicklung durch: Kodifizierte Normen entsprachen mal mehr, mal weniger schriftsystemimmanenten Regularitäten. Dies betrifft im Besonderen die Normierung zur Kommasetzung bei koordinierten Hauptsätzen und Infinitivkonstruktionen. Eine detaillierte Betrachtung, zu welchem Zeitpunkt die jeweiligen kodifizierten Normen mit Primus' syntaktischen Bedingungen zur Kommasetzung übereinstimmen oder von diesen abweichen, erfolgt in Kapitel 3.
43 Primus (1993): S. 261.

Ganzsätzen mit Nebensätzen ist der übergeordnete Satz für die Setzung des Schlusszeichens entscheidend.[44]

Diese Definition ist jedoch aus sprachwissenschaftlicher Sicht nicht hinreichend, da eine genauere Begriffsbestimmung des *Ganzsatzes* ausbleibt. Dies mag der Tatsache geschuldet sein, dass auch in der Sprachwissenschaft eine genaue Definition des Satzes viel diskutiert und nicht eindeutig geklärt ist. Weitestgehende Übereinstimmung findet der Begriff des Ganzsatzes jedoch wahrscheinlich mit der Definition als »syntaktisch autonome Sätze«. Ein Ausdruck ist in diesem Sinne satzwertig und induziert eine Satzgrenze, wenn eine vollständig besetzte Prädikationsstruktur, d. h. ein verbaler Kopf mit allen seinen Argumenten und Modifikatoren, vorliegt.[45]

Interne Satzgrenzen, die für die Teilregel (b) relevant sind, lösen nach PRIMUS Kommasetzung aus. Diese entstehen im Deutschen und in anderen Sprachen durch zwei Verfahren: Herausstellung und Satzsubordination.[46] Interne Satzgrenzen zeigen damit an, dass eine syntaktische Konstruktion in einen über- oder nebengeordneten Satz eingebettet ist und darin eine syntaktische und/oder semantische Funktion erfüllt.

---

44 Vgl. Duden (2006).
45 Vgl. Primus (1993): S. 246.
46 Primus (1997): S. 479.

3 Norm und System: Ein Vergleich

Im Verlauf der aus der Rechtschreibreform (1996) hervorgegangenen Reformierungsbestrebungen der deutschen Sprache wurde das deutsche Rechtschreibregelwerk – darunter auch die Kommasetzungsregeln – mehrfach modifiziert.

Wie in der Einleitung kurz skizziert, sind der Untersuchungsgegenstand dieser Arbeit das Kommasetzungsverhalten kompetenter Sprachbenutzer bei Infinitivkonstruktionen und bei koordinativ verbundenen Hauptsätzen und die Fragestellung, ob dieses stets den im Rechtschreibregelwerk kodifizierten Normen oder den im Schriftsystem verankerten syntaktischen Regularitäten folgt. Darüber hinaus soll auch das Kommasetzungsverhalten der Sprachbenutzer bei Herausstellungskonstruktionen untersucht werden. Diese sind zwar im Rahmen der Rechtschreibreform (1996) keinen Änderungen unterlaufen, kontrastieren jedoch bezüglich der Motivation zur Setzung des Kommas mit dem syntaktischen Beschreibungsansatz von PRIMUS.

Im Folgenden werden sowohl für Koordination (vgl. Kapitel 3.2), Infinitivkonstruktionen (vgl. Kapitel 3.3) als auch für Herausstellungen (vgl. Kapitel 3.4) kurz die jeweiligen syntaktischen Rahmenbedingungen aufgezeigt. Im Anschluss daran werden die kodifizierten Normen für die jeweilige syntaktische Konstruktion unter Berücksichtigung der Normveränderungen, die im Rahmen der Rechtschreibreform (1996) und deren Überarbeitungen (2004 und 2006) eingeführt wurden, dargestellt. Gleichzeitig werden die Normen dahingehend überprüft, ob die jeweilige kodifizierte Norm auf im Schriftsystem verankerte Regularitäten zurückzuführen ist und dementsprechend schriftsystemkonform ist oder nicht.

In dieser Arbeit werden ganz bewusst die im Rechtschreibduden abgedruckten Normen zur Kommasetzung und nicht das von der Kultusministerkonferenz verabschiedete amtliche Regelwerk betrachtet, da der DUDEN bei den kompetenten Sprachbenutzern, also bei der für die Untersuchung relevanten Gruppe, als Nachschlagewerk etabliert ist und als ‚normierendes Instrument' angesehen wird. Das von der Kultusministerkonferenz herausgegebene amtliche Regelwerk ist zwar rechtlich die Grundlage für den Rechtschreibunterricht und verpflichtend für Ämter und Behörden, hat jedoch für die Allgemeinbevölkerung keinerlei praktische Bedeutung. Für die spätere empirische Betrachtung wird es ausschlaggebend sein, so nah wie möglich an den für den Sprachbenutzer relevanten kodifizierten Regelungen zu sein.

3.1 Der Rechtschreibduden

Die Kommasetzung im Deutschen ist strikt normiert. Die Funktion des Standardrechtschreibregelwerks hat dabei im deutschen Sprachraum der Rechtschreibduden[47] inne, der nicht nur ein umfassendes Wortverzeichnis, sondern seit 1915 auch ein ausführliches Regelwerk zur Grammatik der deutschen Sprache beinhaltet.[48] Fast ein Jahrhundert lang – nämlich von 1901[49] bis 1996 – blieb dieses Rechtschreibregelwerk größtenteils unverändert. Im Jahr 1995 beschlossen die Kultusminister der Bundesrepublik Deutschland, die geschriebene Sprache auf Vorschlag des „Internationalen Arbeitskreises für Orthographie"[50] mit dem erklärten Ziel zu reformieren, das Rechtschreibregelwerk – darunter auch die Kommasetzung – zu vereinfachen und für den Sprachbenutzer verständlicher zu gestalten.[51]

> Mit der neuen Rechtschreibung wird das Schreiben erleichtert, ohne dass dadurch das vertraute Schriftbild unserer Sprache wesentlich verändert würde. (...) Die Neuregelung hat zwei Schwerpunkte gesetzt. Sie hat einerseits Ausnahmen zu bestimmten Grundmustern und Grundregeln abgebaut und andererseits in Bereichen wie Sil-

---

47   Die erste Ausgabe des »Vollständigen Orthographischen Wörterbuchs der deutschen Sprache« wurde erstmals am 7. Juli 1880 von Konrad Duden herausgegeben. Im Laufe des 20. Jahrhunderts entwickelte sich der Duden zum maßgeblichen amtlichen Rechtschreibregelwerk für den deutschen Sprachraum.
48   Vgl. Eisenberg (1979) und Zabel (1997/II).
49   Auf Einladung des preußischen Ministeriums des Inneren fanden 1901 »Beratungen über die Einheitlichkeit der deutschen Rechtschreibung« statt. Als Ergebnis der Konferenz erschienen ein Jahr später die »Regeln für die deutsche Rechtschreibung nebst Wörterverzeichnis«, die für das damalige deutsche Reich und für Österreich zum amtlich-verbindlichen Regelwerk erklärt wurden. Im Rahmen dieser Rechtschreibreform wurden jedoch sowohl die Zeichensetzung als auch die Getrennt- und Zusammenschreibung amtlich nicht geregelt. Richtungsweisend für diese Teilbereiche der Orthografie blieb bis 1996 der von der Dudenredaktion herausgegebene Rechtschreibduden. (Vgl. Zabel (1997/II)).
50   Im Jahre 1980 gründeten 80 Mitglieder von verschiedenen bedeutenden orthografischen Forschungsgruppen aus der Bundesrepublik Deutschland, der DDR, Österreich und der Schweiz einen Arbeitskreis, um die Grundlagen der deutschen Rechtschreibung wissenschaftlich zu untersuchen (vgl. Kohrt (1997)).
51   Die deutschen Bundesländer, Österreich, die Schweiz, Liechtenstein und weitere Staaten mit deutschsprachigen Bevölkerungsteilen verpflichteten sich am 1. Juli 1996 durch die »Wiener Absichtserklärung zur Neuregelung der deutschen Rechtschreibung«, die reformierte Orthografie bis zum 1. August 1998 einzuführen. Aufgrund der kritischen Resonanz auf diese Reform entbrannte eine öffentliche Diskussion unter Sprachwissenschaftlern, Schriftstellern, Politikern und der Allgemeinbevölkerung, woraus schließlich zwei Novellierungen des Rechtschreibregelwerks (2004 und 2006) hervorgingen.

bentrennung und Kommasetzung den Schreibenden zusätzliche Freiräume für eigene Entscheidungen eingeräumt.[52]

Auf quantitativer Ebene wurde das im Rahmen der Rechtschreibreform (1996) definierte Ziel der Vereinfachung zumindest in Bezug auf den Umfang der Regelungen zur Kommasetzung, wenn überhaupt, nur marginal erreicht. In der 24. Auflage des Rechtschreibdudens (2006) nehmen die Regelungen zur Kommasetzung noch immer bei Weitem den meisten Raum ein. In insgesamt 32 Paragrafen, die allesamt mit vielen Beispielen angereichert und mit Erläuterungen versehen wurden, wird die Kommasetzung beschrieben – im Vergleich zu den vormals 37 Regeln in der 20. Auflage des Rechtschreibdudens von 1991 kann hier eine wesentliche Regelreduktion nicht festgestellt werden.

Auf qualitativer Ebene wurden im Rahmen der Rechtschreibreform (1996) im Bereich der Kommasetzung vor allem die Normen bei Infinitivkonstruktionen und bei koordinativen Verknüpfungen verändert, da in diesem Bereich den Schreibenden eine normkonforme Kommasetzung besonders schwerfiel. Ein Bestandteil dieser Normänderung war, dass dem Schreibenden – dem erklärten Ziel entsprechend – in einer größeren Anzahl Wahlfreiheiten bezüglich der Kommasetzung zugestanden wurden, sodass normkonforme Kommasetzung sowohl bei Setzung des Beistrichs als auch bei Kommaauslassung gegeben war.

Auffallend bei der Betrachtung der Normbeschreibung im Rechtschreibduden ist, dass zur Darstellung der Kommaregelungen sowohl extensionale als auch intensionale Beschreibungsmuster gewählt und miteinander vermischt werden. Die Wahl für eine extensionale Beschreibung der Kommaregelung bringt natürlich ein gravierendes Problem mit sich: Eine vollständige und damit adäquate Beschreibung der Interpunktion ist nicht möglich, da die zu normierenden Fakten alle Sätze des deutschen Sprachsystems umfassen – diese Menge ist unendlich. Dies lässt vermuten, dass dem sprachwissenschaftlich nicht versierten Benutzer ein umfassendes Studium und damit verbunden eine umfassende Durchdringung der Kommaregelungen verborgen bleibt.

Um dieses Darstellungsdefizit auszugleichen, strukturiert der Rechtschreibduden die einzelnen Kommasetzungsregeln nach funktionalen Kriterien, die für den allgemeinen Benutzer des Nachschlagewerks relevant sind, und untergliedert das Kapitel zur Kommasetzung in folgende Teilbereiche: Kommasetzung bei ...

- Aufzählungen
- nachgestellten Zusätzen
- bei Datums-, Wohnungs-, Literaturangaben

---

52 Duden (1991): Vorwort.

- Konjunktionen (Bindewörtern)
- Partizip- und Infinitivgruppen
- Teilsätzen (selbstständigen Teilsätzen und Nebensätzen)
- mehrteiligen Nebensatzeinleitungen
- Hervorhebungen, Ausrufen, Anreden

Diese Gliederung, die für ein alltägliches Nachschlagewerk angemessen sein mag, ist für eine wissenschaftliche Betrachtung der Kommasetzung nicht sinnvoll. Auch oder gerade deswegen, weil in dieser Arbeit die Grammatik des Rechtschreibdudens mit dem syntaktischen Ansatz von PRIMUS verglichen wird, erscheint eine einheitliche, syntaktische Strukturierung sinnvoll. Deswegen werden im Folgenden die für diese Untersuchung relevanten Kommasetzungsregelungen aus dem Rechtschreibduden nach syntaktisch-funktionalen Gesichtspunkten, die bereits PRIMUS in ihrem Beschreibungsansatz angewendet hat (Koordination, Infinitivkonstruktionen und Herausstellungen), kategorisiert.

3.2 Koordination

Nach BUßMANN[53] ist Koordination eine „syntaktische Struktur, die aus zwei oder mehr Konjunkten besteht". Innerhalb dieser Struktur werden die Konjunkte, also die Teilaussagen der syntaktischen Struktur, mithilfe eines Bindeglieds – der Konjunktion – miteinander verbunden. Dabei gilt es, die asyndetische von der syndetischen Konstruktion zu unterscheiden. Bei der asyndetischen Koordination sind die einzelnen Konjunkte nicht durch Konjunktionen verknüpft (vgl. (22.) und (23.)).

(22.) eins, zwei, drei
(23.) Torsten kocht, Rita schläft, Nora bügelt.
(24.) Wein trinken und Wasser predigen.
(25.) Igor freut sich auf den Sommer, denn der Winter war sehr kalt.

Bei der syndetischen Konstruktion hingegen sind die einzelnen Elemente durch koordinierende Konjunktionen verknüpft (vgl. (24.) und (25.)). Dabei bezieht sich die durch die Konjunktionen geleistete Verknüpfung auf morphologische, syntaktische, semantische und pragmatische Aspekte.[54]

Im Deutschen unterscheidet man zwischen echten und unechten Konjunktionen, die auf den unterschiedlichen Stellungseigenschaften dieser beiden Typen beruhen.[55] Echte Konjunktionen sind »aber«, »allein«, »denn«, »und«, »oder«

---

53 Vgl. Bußmann (2002).
54 Vgl. Bußmann (2002).
55 Vgl. Bußmann (2002).

und »sondern« (vgl. (26.)). Ihnen ist gemein, dass sie nicht vorfeldfähig sind. Unechte Konjunktionen hingegen verhalten sich satzgliedhaft wie Adverbiale und bewirken Inversion.[56] Beispiel (27.) zeigt ein konjuktional verwendetes Adverbial, welches zwar die Relation zwischen den zwei Aussagen inhaltlich qualifiziert, aber im Gegensatz zu Konjunktionen keine direkte syntaktische Relation zwischen ihnen herstellt.[57]

(26.) Andreas schlief den ganzen Tag, denn das tat er am liebsten.
(27.) Andreas schlief den ganzen Tag, deshalb verpasste er die Sonnenfinsternis.

Aus der Gruppe der echten Konjunktionen heben sich jedoch »und« und »oder« und noch weitere Konjunktionen (»sowohl – als auch«, »weder – noch«, »entweder – oder«, »(so)wie«) durch weitergehende syntaktische Eigenschaften hervor: die unbegrenzte Wiederholung der Koordination (vgl. (28.) und (29.)).[58]

(28.) Markus und Tina und Karl oder Katrin
(29.) Er läuft und läuft und läuft und läuft ...
(30.) *Markus aber Tina sondern Karl denn Katrin.

Diese Eigenschaft ist »aber«, »sondern« und »denn« nicht zuzuschreiben (vgl. (30.)), wodurch sie nur ein einzelnes Paar von Einheiten koordinieren können und nochmals von den oben genannten abzugrenzen sind. Somit sind »und« und »oder« mit ihren speziellen koordinativen Eigenschaften als echte koordinierende Konjunktionen definiert und werden im weiteren Verlauf dieser Arbeit mit dieser Definition durchgängig verwendet.

3.1.1 Syntaktische Entsprechung der kodifizierten Normen

Die Normierung der Kommasetzung bei koordinativ verbundenen vollständigen Sätzen, die syntaktisch voneinander nicht abhängen, jedoch von einem einzigen Satzknoten dominiert werden, wurde in den vergangenen zwanzig Jahren grundlegend verändert.

(31.) Es wurde immer kälter, *und* der Südwind türmte Wolken um die Gipfel.[59]
(32.) Willst du mitkommen, *oder* hast du etwas anderes vor?[60]

---

56 Vgl. Bußmann (2002).
57 Köller, Wilhelm (2004): S. 504.
58 Eisenberg (2006): S. 206.
59 Beispiel entnommen aus Duden (1991): R 116.
60 Beispiel entnommen aus Duden (1991): R 109.

So war laut der 20. Auflage des Rechtschreibdudens (1991) innerhalb dieser syntaktischen Konstruktionen obligatorisch ein Komma zu setzen, auch wenn die einzelnen Konjunkte der Koordination durch eine echte koordinierende Konjunktion miteinander verbunden sind (vgl. (31.) und (32.)).

> **R 109:** Das Komma trennt nebengeordnete selbstständige Sätze. Dies gilt auch, wenn sie durch Konjunktionen (Bindewörter) wie „und", „oder", „beziehungsweise", „weder – noch", „entweder – oder" verbunden sind.[61]
>
> **R 116:** Das Komma steht, wenn „und" oder „oder" selbstständige Sätze verbindet.[62]

Lediglich in einem Ausnahmefall, nämlich wenn »und« und »oder« kurze und eng zusammengehörende selbstständige Sätze, die dasselbe Subjekt besitzen, miteinander verbindet (vgl. (33.)), durfte die koordinative Verbindung nicht mit Komma angezeigt werden.

> **R 121:** Es steht kein Komma, wenn „und" und „oder" kurze oder eng zusammengehörende selbstständige Sätze verbindet. Bei verschiedenen Subjekten dagegen muß das Komma stehen.[63]

Eine genauere Definition, welche syntaktischen oder semantischen Bedingungen an diese Konstruktion bzw. an die Komplexität der Konjunkte geknüpft sind, blieb jedoch aus. Stattdessen versuchte der Rechtschreibduden, diesen Ausnahmefall anhand einer Vielzahl an Beispielsätzen zu verdeutlichen.

(33.)   Er grübelte *und* er grübelte.[64]

Die hier beschriebenen Kommanormierungen aus dem Rechtschreibduden (1991) kontrastieren mit dem in Kapitel 2 skizzierten syntaktischen Beschreibungsansatz. Nach diesem wird Kommasetzung verlangt, wenn „keine echte koordinierende Konjunktion wie »und« und »oder« die Koordination markiert"[65]. Darüber, ob bei Vorhandensein einer echten koordinierenden Konjunktion der Beistrich gesetzt werden muss oder nicht, wird auf syntaktischer Ebene keine Aussage getroffen, da laut PRIMUS in diesem Fall die Kommasetzung oder Kommaauslassung „sprachlich nicht motiviert, sondern, wenn überhaupt, nur durch das funktionale Prinzip der Ökonomie der Markierung zu erklären"[66] ist.

---

61 Duden, 20. Auflage (1991).
62 Duden, 20. Auflage (1991).
63 Duden (1991): R 121. Fast gleichlautend auch in Duden (1991): R 109: „Kein Komma steht aber bei durch „und" und „oder" verbundenen selbstständigen Sätzen, wenn sie kurz und eng zusammengehören."
64 Beispiel entnommen aus Duden (1991): R 109.
65 Primus (1993): S. 247.
66 Primus (1993): S. 248.

Auch die im Rechtschreibduden (1991) dargestellte Sonderregelung für kurz und eng zusammengehörende selbstständige Sätze kann auf syntaktischer Ebene nicht nachvollzogen werden, da die Komplexität der koordinativ verbundenen Ausdrücke für die Kommasetzung keine Rolle spielt.[67]

An dieser Stelle kann festgehalten werden, dass das im Rechtschreibduden (1991) festgeschriebene Kommagebot bei koordinativ verbundenen längeren und nicht eng miteinander verbundenen Hauptsätzen (R 109, R 116 und R 121) nicht syntaktisch motiviert und demnach nach PRIMUS' Beschreibungsansatz (vgl. Kapitel 2) nicht vom Schriftsystem abgedeckt ist.[68] Eine Auslassung des Beistrichs ist in diesem Fall zwar normwidrig, jedoch nicht schriftsystemwidrig.

Im Rahmen der Reform der deutschen Rechtschreibung (1996) wurden – neben einer Vielzahl anderer – auch die Normen zur Kommasetzung bei koordinativ verbundenen Hauptsätzen überarbeitet. In der 21. Auflage des Dudens (1996) heißt es:

> **R 76** Das Komma trennt nebengeordnete gleichrangige Sätze. Es steht aber in der Regel kein Komma, wenn solche Sätze durch eine der folgenden Konjunktionen (eines der folgenden Bindewörter) verbunden sind: und, oder, beziehungsweise, weder – noch, entweder – oder.[69]
>
> **R 85** Es steht im Allgemeinen kein Komma, wenn »und« und »oder« selbstständige gleichrangige Sätze oder gleichrangige Nebensätze (Gliedsätze) verbindet.[70]

Demnach müssen von den Schreibenden mit Umsetzung der Rechtschreibreform (1996) koordinierte selbstständige und syntaktisch voneinander unabhängige Sätze, die mit einer echten koordinierenden Konjunktion miteinander verbunden sind, nicht mehr obligatorisch mit Beistrich voneinander abgetrennt werden, da »und« und »oder« zur Markierung der koordinativen Verknüpfung ausreichen (vgl. (34.)).

(34.) Sie machten es sich bequem, die Kerzen wurden angezündet *und* der Gastgeber versorgte sie mit Getränken.[71]

(35.) Er schimpfte auf die Regierung [,] *und* sein Publikum, das auf seiner Seite war, applaudierte.[72]

Damit wurde der „eiserne Bestand des Rechtschreibens"[73] – nämlich das obligatorische Kommagebot innerhalb dieser syntaktischen Konstruktion – aufgeho-

---

67   Vgl. Primus (1993): S. 247.
68   Vgl. Primus (1993): S. 248 und Primus (1997): S. 482.
69   Duden (1996): R 76.
70   Duden (1996): R 85.
71   Beispiel entnommen aus Duden (1991): R 76.
72   Beispiel entnommen aus Duden (1991): R 76.

ben. Durch die Gleichbehandlung aller koordinierten Glieder im Rahmen der Rechtschreibreform (1996) entspricht die von nun an geltende kodifizierte Norm eher den syntaktischen Regularitäten des Schriftsystems, wodurch diese – zumindest in Bezug auf die Kommasetzung selbst – dem syntaktischen Beschreibungsansatz von PRIMUS entspricht.[74]

Jedoch kann – laut Rechtschreibduden (1996) – eine koordinierende Konjunktion das Komma nicht vollwertig ersetzen. Innerhalb komplexer syntaktischer Konstruktionen, beispielsweise miteinander verbundene Hauptsätze, von denen einer durch einen Nebensatz erweitert wurde, ist laut Rechtschreibduden weiterhin der Einsatz des Kommas gestattet, „um die Gliederung der Satzverbindung deutlich zu machen"[75] (vgl. (35.)).

> Man kann in diesen Fällen ein Komma setzen, um die Gliederung der Satzverbindung deutlich zu machen.[76]

Dabei handelt es sich laut PRIMUS um einen neuen sprachlich nicht motivierten Typ von Interpunktionsnorm, „die dem Schreibenden eine echte individuelle Entscheidungsfreiheit der Zeichensetzung überlässt. Sie ist daran erkennbar, daß mit oder ohne Komma dieselbe syntaktische Konstruktion bzw. Verknüpfungsart vorliegt."[77] Die Entscheidung darüber, ob eine komplexe syntaktische Struktur vorliegt, die Kommasetzung notwendig macht, wird von nun an dem Schreibenden überlassen, der in diesem Fall keine eindeutige Anweisung zu Kommasetzung mehr erhält.

Auch in den Folgejahren, in denen die reformierte Rechtschreibung von 1996 überarbeitet wurde, wurde diese Regelung nicht rückgängig gemacht beziehungsweise die Wahlfreiheit aufgehoben. Der Rechtschreibduden veränderte jedoch ab der 23. Auflage, die im Jahr 2004 erschien, den Duktus, der auch in der 26. Auflage des Rechtschreibdudens (2006) beibehalten wurde:

> **K 119** (1.) Werden gleichrangige (nebengeordnete) Teilsätze durch Konjunktionen wie »und« und »oder« verbunden, so setzt man kein Komma. (2.) Ein Komma kann jedoch gesetzt werden, um die Gliederung des Ganzsatzes deutlich zu machen.[78]

Kommasetzung war bei Vorhandensein einer echten koordinierenden Konjunktion nicht mehr „in der Regel" bzw. „im Allgemeinen" nicht sinnvoll, sondern die Dudenredaktion bediente sich einer imperativeren Wortwahl und riet dem Sprachbenutzer für diese sprachlichen Fälle: „so setzt man kein Komma". An

---

73 Ickler (1998): S. 152.
74 Vgl. Kapitel 2 oder Primus (1997): S. 482.
75 Duden (1996): R 76.
76 Duden (1996): R 76.
77 Primus (1997): S. 483.
78 Duden (2006): K 119.

der Wahlfreiheit bezüglich der Kommasetzung bei konjunktional verbundenen Sätzen änderte sich jedoch nichts: Die sprachlich nicht motivierte Norm wurde beibehalten.

3.1.2 Zusammenfassung

Es konnte gezeigt werden, dass das bis 1996 kodifizierte Kommagebot zwischen längeren und nicht eng zusammengehörenden vollständigen selbstständigen Sätzen, die mit einer echten koordinierenden Konjunktion miteinander verbunden sind, nicht auf eine im Schriftsystem verankerte Norm zurückzuführen ist und demnach nicht syntaktisch beschrieben werden kann. Mit der Liberalisierung dieser Norm im Rahmen der Rechtschreibreform (1996) und der damit verbundenen Freistellung der Kommasetzung bei koordinierten und mit einer echten koordinierenden Konjunktion verbundenen Hauptsätzen wurde diese schriftsystemwidrige Norm aufgehoben, sodass die kodifizierte Norm mit den von PRIMUS definierten Bedingungen zur Kommasetzung (vgl. Kapitel 2) beschrieben werden kann.

Eine Ausnahme bildet lediglich die ‚Sonderregel', die Kommasetzung trotz Vorhandensein einer echten koordinierenden Konjunktion aus Gliederungsgründen gestattet.

3.2 Infinitivkonstruktionen

Infinitivkonstruktionen, d. h. Sätze, in denen das Verb im Infinitiv steht, werden auf syntaktischer Ebene als subordinierte infinite Sätze angesehen. Subordination ist eine Art der Verknüpfung zweier Sätze, wobei der eine syntaktisch in den anderen integriert ist. Im Unterschied zur Koordination wird ein zusammengesetzter Satz mit subordinativer Verknüpfung ‚Satzgefüge' genannt.

Der Satz, der in den anderen integriert wird und/oder dem anderen untergeordnet ist, wird traditionell ‚Nebensatz' genannt, der andere ‚Hauptsatz'. Für deren Bezeichnung wird auch das Begriffspaar ‚Matrixsatz' und ‚Konstituentensatz' verwendet. Der Konstituentensatz ist im Matrixsatz eingebettet, er ist eine Konstituente des Matrixsatzes, sodass man die subordinierten Sätze wie folgt nach ihrer Position in der syntaktischen Struktur des Matrixsatzes klassifizieren kann:

- **Ergänzungssätze** fungieren als Subjekt oder Objekt des Verbs des Matrixsatzes.

- **Angabesätze** fungieren als freie Angaben des Matrixsatzes.
- **Attributsätze** fungieren als Attribut einer Nominalphrase (Relativsätze).

Oft wird behauptet, der Hauptsatz sei im Unterschied zum Nebensatz selbstständig, der Nebensatz sei weglassbar, drücke Nebensächliches aus. Dagegen sprechen insbesondere die Satzgefüge, wo der Nebensatz eine Ergänzung zum Matrixsatz darstellt:

(36.) Peter behauptet, krank zu sein.
(37.) *Peter behauptet.

Es gibt auch die Fälle, wo Subordination nur deswegen angenommen werden muss, weil sonst der Matrixsatz nicht vollständig wäre:

(38.) Peter sagt, seine Mutter ist krank.

Ein Matrixsatz kann auch mehrere Konstituentensätze enthalten:

(39.) Als er klein war, wünschte Peter oft, dass die Schule ausfällt.

Ein Konstituentensatz kann auch selbst weitere Konstituentensätze enthalten, die jeweils eine bestimmte Funktion im übergeordneten Satz ausüben:

(40.) Peter wünscht, dass der Lehrer, wenn Schnee gefallen ist, beschließt, dass die Schule ausfällt.

Anzahl und Form der Ergänzungssätze hängen vom Matrixsatzverb ab, während Angabe- und Attributsätze grundsätzlich frei und daher syntaktisch fakultativ sind. Es kann innerhalb der subordinierten Sätze auch koordinative Verknüpfung geben:

(41.) Weil er krank war und das Zimmer nicht verlassen durfte ...

Die Frage der Kommasetzung bei Infinitivgruppen ist eine der problematischsten und bei den Sprachbenutzern eine der häufigsten Fehlerquellen.[79] Auch in der Orthografieforschung ist diese viel diskutiert.

Bei den Infinitivgruppen flektiert das Verb nicht nach Person und Numerus. Dementsprechend haben Infinitive kein Subjekt, nehmen aber in Infinitivgruppen alle Ergänzungen auf, die die entsprechenden Verben auch sonst nehmen. Dies bedeutet, dass Infinitivgruppen *satzähnlich* sind und wie Nebensätze unterschiedliche syntaktische Funktionen (Verbergänzungen, Attribute, Adverbiale) einnehmen können.[80]

---

79 Vgl. Gallmann (1992) und Primus (1993).
80 Vgl. Fuhrhop (2009): S. 81.

Bereits BECH[81] stellte in der Mitte des vergangenen Jahrhunderts fest, dass Infinitivkonstruktionen ihre syntaktische und semantische Satzwertigkeit verlieren können, wenn diese kohärent angeknüpft sind. Bei diesen kohärenten Infinitivgruppen entsteht zwischen dem Matrixverb und dem subordinierten Infinitivverb eine sehr enge syntaktische Bindung, sodass Kommasetzung nicht gestattet ist. Für die Betrachtung der Kommasetzung bei Infinitivgruppen ist demnach relevant, ob die Infinitivgruppe *kohärent* oder *inkohärent*[82] angeknüpft ist (+/– kohärent). Grundsätzlich lassen sich Infinitivgruppen in drei Kategorien[83] einteilen:

- **Obligatorisch kohärente Infinitivgruppen:** Das Verb des übergeordneten Satzes bildet mit dem Infinitiv immer ein komplexes Prädikat. In diesem Fall ist die Infinitivgruppe nie satzwertig.

- **Nicht kohärente Infinitivgruppen:** Das Verb des übergeordneten Satzes bildet mit dem Infinitiv nie ein komplexes Prädikat. Hier ist die Infinitivgruppe immer satzwertig.

- **Fakultativ kohärente Infinitivgruppen:** Das Verb des übergeordneten Satzes bildet mit dem Infinitiv manchmal ein komplexes Prädikat. Innerhalb dieser Konstruktion kann die Infinitivgruppe satzwertig sein oder nicht.

Betrachtet man nun die ersten beiden Gruppen, so stellt sich die Frage, wann ein Infinitiv eine kohärente Verknüpfung mit dem Matrixverb eingeht und wann nicht. Die Beantwortung dieser Frage ist essenziell für die Entscheidung, ob ein Komma gesetzt werden muss oder nicht. GALLMANN[84] hat hierzu folgende Merkmale aufgestellt:

Infinitivgruppen sind kohärent verknüpft und damit nie satzwertig, wenn die Partikel »zu« fehlt (formales Merkmal; vgl. (42.) und (43.)) oder wenn das übergeordnete Verb dem Subjekt keine »thematische Rolle« zuweist und somit dessen Rolle alleine vom untergeordneten Infinitiv bestimmt ist (inhaltliches Merkmal; vgl. (44.) und (45.)).

(42.)   Ich habe den Schalter drehen können.
(43.)   *Ich habe, den Schalter drehen, können.
(44.)   Torsten scheint gut gelaunt zu sein.

---

81   Vgl. Bech (1955).
82   Die Termini kohärent und inkohärent gehen auf Bech (1955) zurück und dürfen nicht mit den erst später geprägten gleichlautenden Begriffen der Textanalyse verwechselt werden.
83   Vgl. auch Primus (1993) und Gallmann (1992).
84   Gallmann (1997): S. 447 ff.

(45.) *Torsten scheint, gut gelaunt zu sein.

Infinitivgruppen sind nicht kohärent verknüpft und damit immer satzwertig, wenn die Infinitivgruppe mit dem übergeordneten Verb nur indirekt über ein Korrelat (es, dann, darauf ...) verbunden ist (vgl. (46.) und (47.)), bei Rechts- und Linksversetzung (vgl. (48.)), wenn die Infinitivgruppe das Subjekt des übergeordneten Satzes vertritt (vgl. (49.)), die Infinitive von einem Adjektiv (vgl. (50.)) oder Nomen (vgl. (51.)) abhängen oder der Infinitiv mit »zu« die Funktion eines Adverbials bildet (vgl. (52.)).

(46.) Die Skifahrerin hat damit gerechnet, zu gewinnen.[85]
(47.) *Die Skifahrerin hat damit doch noch zu gewinnen gerechnet.[86]
(48.) Ich liebe dies sehr, solche Bücher zu lesen.[87]
(49.) Solche Bücher zu lesen, ist ihm immer schwergefallen.[88]
(50.) Sie ist fähig, diese Aufgabe zu lösen.[89]
(51.) Der Versuch, den Apparat zu flicken, ist mir missglückt.[90]
(52.) Er lief zum Bahnhof, um seine Mutter am Bahnsteig zu begrüßen.

Eine besondere Betrachtung fordert die dritte Gruppe der fakultativ kohärenten Infinitive, da hier augenscheinlich ‚Wahlfreiheit' für die Kommasetzung besteht, wodurch Unsicherheiten beim Sprachbenutzer auftreten können. Dabei handelt es sich im Allgemeinen um Infinitivgruppen, die die Funktion eines Objekts innehaben.[91] Wie die Bezeichnung ‚fakultativ' schon ausdrückt, so sind in diesem Fall die kohärente Verknüpfung und somit auch die Abtrennung der Infinitivgruppe durch ein Komma freigestellt. Die Infinitivgruppe kann sowohl kohärent, also ohne Komma, oder inkohärent, also mit Komma, angeknüpft werden (vgl. (53.) und (54.)). Voraussetzung ist, dass die Infinitivgruppe als Ergänzung zum Matrixverb fungiert und keine der oben genannten Kohärenzrestriktionen verletzt.[92]

(53.) Andreas versucht mit dem Fahrrad die Alpen zu überqueren.
(54.) Andreas versucht, mit dem Fahrrad die Alpen zu überqueren.

Dieses Kohärenzverhalten von Infinitiven muss nach PRIMUS' syntaktischem Beschreibungsansatz (vgl. Kapitel 2) grundsätzlich bei der Kommanormierung

---

85 Beispiel entnommen aus Gallmann (1997): S. 448.
86 Beispiel entnommen aus Gallmann (1997): S. 448.
87 Beispiel entnommen aus Gallmann (1997): S. 449.
88 Beispiel entnommen aus Gallmann (1997): S. 450.
89 Beispiel entnommen aus Gallmann (1997): S. 450.
90 Beispiel entnommen aus Gallmann (1997): S. 451.
91 Gallmann (1997): S. 451.
92 Primus (1993) S. 256.

berücksichtigt werden, d. h. es muss von den kodifizierten Normen erfasst werden.

3.2.1 Syntaktische Entsprechung der kodifizierten Normen

Im Folgenden soll gezeigt werden, wie sich die Normierung der Kommasetzung bei Infinitivkonstruktionen durch die Reform der deutschen Rechtschreibung (1996) und die daran anschließenden Überarbeitungen im Jahr 2004 und 2006 verändert hat und inwieweit diese Normen auf eine im Schriftsystem verankerte Regularität zurückzuführen sind.

Im Rechtschreibduden von 1991 war die Norm zur Kommasetzung beim erweiterten Infinitiv mit »zu« eine der umfangreichsten. Laut dieser musste der erweiterte Infinitiv vom Schreibenden stets mit Beistrich abgetrennt werden:

> **R 107** Der erweiterte Infinitiv mit »zu« (die Infinitivgruppe, Grundformgruppe) wird gewöhnlich durch Komma abgetrennt. Ein Infinitiv ist bereits erweitert, wenn »ohne zu«, »um zu«, »als zu«, »[an]statt zu« an Stelle des bloßen »zu« stehen.[93]

(55.)   Sie ging in die Stadt, um einzukaufen.[94]

Diese einleitende allgemeine Regel wurde jedoch mit einer Vielzahl von Ausnahmeregelungen eingeschränkt, die anhand von extensionalen Beschreibungen dem Sprachbenutzer verdeutlicht werden sollten. Kommasetzung war demnach in folgenden Fällen nicht gestattet:

- wenn der erweitere Infinitiv mit dem Hauptsatz verschränkt ist oder wenn er innerhalb der verbalen Klammer steht.

  (56.)   Diesen Vorgang wollen wir zu erklären versuchen.[95]

- wenn ein Glied des erweiterten Infinitivs an den Anfang des Satzgefüges tritt und der Hauptsatz dadurch von dem erweiterten Infinitiv eingeschlossen wird.

  (57.)   Diesen Betrag bitten wir auf unser Konto zu überweisen.[96]

- wenn der voranstehende erweiterte Infinitiv das Subjekt (den Satzgegenstand) vertritt (es sei denn, ein hinweisendes Wort wie »das« oder »dies« weist auf den Infinitiv zurück).

---

93   Duden (1991): R 107.
94   Beispiel entnommen aus Duden (1991): R 107.
95   Beispiel entnommen aus Duden (1991): R 107.
96   Beispiel entnommen aus Duden (1991): R 107.

(58.) Sich selbst zu besiegen ist der schönste Sieg.[97]

- wenn der erweiterte Infinitiv auf Hilfsverben oder als Hilfsverben gebrauchte Verben folgt. Nur als Hilfsverben werden gebraucht: sein, haben, brauchen, pflegen, scheinen.

(59.) Sie pflegt abends ein Glas Wein zu trinken.[98]

Darüber hinaus war Kommasetzung bei Verben fakultativ, bei denen nicht eindeutig zwischen der Verwendung als selbstständiges Verb oder als Hilfsverb unterschieden werden kann. Zu diesen Verben gehören laut Rechtschreibduden (1991): anfangen, aufhören, beginnen, bitten, denken, fürchten, gedenken, glauben, helfen, hoffen, meinen, verdienen, verlangen, versuchen, wagen, wünschen u. a.[99]

Die hier dargestellten Regelungen zur Kommasetzung bei Infinitivgruppen aus dem Rechtschreibduden (1991) kategorisieren Infinitive – wie BECH – in drei Gruppen mit unterschiedlichen syntaktischen Eigenschaften. Infinitive, die Kommasetzung erzwingen (obligatorisch kohärent), Infinitive, die Kommasetzung ausschließen (inkohärent), und Infinitive, bei denen die Kommasetzung freigestellt und dem Schreibenden überlassen ist (fakultativ-kohärent).

Die Normen von 1991 berücksichtigen demnach weitestgehend[100] die Kohärenzeigenschaften von Infinitiven und sind mit dem syntaktischen Beschreibungsansatz von PRIMUS (vgl. Kapitel 2) auf Ebene der Kommasetzung vereinbar. Deutliche Unterschiede bestehen jedoch auf Beschreibungsebene: Der Rechtschreibduden (1991) beschreibt die Kommasetzung bei Infinitivgruppen zwar in einer einzigen Regel (R 107), verklausuliert jedoch die einfache zugrunde liegende Regularität, nämlich die Abhängigkeit der Kommasetzung von der Satzwertigkeit der Infinitivgruppe, in einer Vielzahl unübersichtlicher Teilregeln.

Die syntaktische Betrachtung der Kommasetzung bei Infinitivkonstruktionen, wie PRIMUS sie vornimmt, vereinfacht die Regelungen enorm: Infinitiv-

---

97 Beispiel entnommen aus Duden (1991): R 107.
98 Beispiel entnommen aus Duden (1991): R 107.
99 In R 107 des Rechtschreibdudens (1991) heißt es dazu: „Bei einigen Verben kann zwischen dem Gebrauch als Hilfsverb und der Verwendung als selbstständiges Verb nicht eindeutig unterschieden werden. Hier ist das Komma freigestellt.
100 Laut Primus (1993) nicht vom Schriftsystem abgedeckt und damit auch nicht mit ihrem syntaktischen Beschreibungsansatz vereinbar sind die Normen zur Kommasetzung beim »einfachen, nicht-integrierten Infinitiv« (vgl. Duden (1991): R 108), die Kommasetzung innerhalb dieser Konstruktionen mit Verweis auf die fehlende Komplexität der Infinitivphrase unabhängig von ihrem Kohärenzverhalten nicht gestatten (vgl. dazu auch Gallmann (1992): S. 11.).

gruppen sind grundsätzlich satzwertig und dementsprechend mit Komma vom übergeordneten Satz abzutrennen. Sie können aber ihre syntaktische und semantische Satzwertigkeit verlieren, wenn diese kohärent angeknüpft sind. In diesem Fall ist kein Komma zu setzen. Bei Infinitivgruppen, die kohärente oder nicht kohärente Verbindungen mit dem übergeordneten Satz eingehen können, besteht Wahlfreiheit. Diese Wahlfreiheit bezieht sich laut PRIMUS nicht, wie der DUDEN postuliert, auf die Kommasetzung, sondern auf die Wahl der syntaktischen Konstruktion.[101] Je nach Wahl der Konstruktion – wird die Infinitivgruppe innerhalb dieser als satzwertig angesehen oder nicht – ist Kommasetzung obligatorisch oder ausgeschlossen.

Mit Einführung der Rechtschreibreform im Jahr 1996 machten die Regelungen zur Kommasetzung beim erweiterten Infinitiv mit »zu« eine wechselseitige Entwicklung durch. Dies ist augenscheinlich dem Umstand geschuldet, dass die Kommanormierung im Falle der Infinitivgruppen bis dahin als „schwierig und willkürlich"[102] angesehen wurde und mit der Reform „einfacher, eindeutiger, nachvollziehbarer und lernbarer" gemacht werden sollte.[103] So hieß es in den Stuttgarter Empfehlungen (1954)[104] zum Komma bei Infinitivgruppen:

> Komma soll sparsamer und in größerer Freiheit gesetzt werden können (Wegfall vor »und« und »oder« zwischen gleichgeordneten Hauptsätzen sowie vor allen Infinitivgruppen bei Eindeutigkeit des Ausdrucks).[105]

In der ersten Reform 1996 orientierten sich die Neuregelungen zur Kommasetzung weitestgehend an dem Ansatz der Stuttgarter Empfehlungen, was zur Folge hatte, dass die Kommasetzung bei Infinitivgruppen größtenteils liberalisiert wurde. Das Kohärenzverhalten von Infinitiven wurde bei der Entwicklung der neuen Normen nicht mehr berücksichtigt. Dem Beistrich wurde lediglich auf semantischer Ebene eine den Satz gliedernde Funktion zugeschrieben.

R 75 Den erweiterten Infinitiv mit »zu« (die Infinitivgruppe, Grundformgruppe) *kann* man durch Komma abtrennen, um die Gliederung des Satzes deutlich zu machen oder um Missverständnisse auszuschließen.[106]

(60.) Sie ging in die Stadt [,] um einzukaufen.[107]

(61.) Wir versuchen [,] die Torte mit Sahne zu verzieren.[108]

---

101 Primus (1997): S. 480.
102 Gallmann (1997): S. 435.
103 Vgl. Gallmann (1997): S. 435.
104 Genau: Empfehlungen zur Erneuerung der deutschen Rechtschreibung
105 Stuttgarter Empfehlungen, Punkt 7 »Vereinfachung der Zeichensetzung«, 1954. Aus: Gallmann (1997): S. 436.
106 Duden (1996): R 75.
107 Beispiel entnommen aus Duden (1991): R 107.

Marginale Einschränkungen dieser liberalisierten Norm waren jedoch in folgenden Konstruktionen zu beachten, in denen Kommasetzung lediglich *nicht sinnvoll*[109] ist:

- wenn der erweitere Infinitiv mit dem Hauptsatz verschränkt ist oder wenn er innerhalb der verbalen Klammer steht.

    (62.) Diesen Vorgang wollen wir zu erklären versuchen.[110]

- wenn ein Glied des erweiterten Infinitivs an den Anfang des Satzes tritt und der Hauptsatz dadurch von dem erweiterten Infinitiv eingeschlossen wird.

    (63.) Diesen Beitrag bitten wir auf unser Konto zu überweisen.[111]

- wenn der erweiterte Infinitiv auf Hilfsverben oder auf die Verben „brauchen", „pflegen", „scheinen" folgt.

    (64.) Sie pflegt abends ein Glas Wein zu trinken.[112]

Die 1996 eingeführten Normen zur Kommasetzung beim erweiterten Infinitiv entsprechen durch die vollkommene Liberalisierung und die Nicht-Beachtung des Integrations- und Kohärenzverhaltens von Infinitiven nicht mehr den im Schriftsystem verankerten syntaktischen Regularitäten und kontrastieren dementsprechend mit dem in Kapitel 2 beschriebenen syntaktischen Beschreibungsansatz. „Es handelt sich um einen neuen nichtdeterministischen Regeltyp, der im deutschen Sprachsystem nicht verankert ist"[113], aufgrund dessen die Anwendung der Kommasetzung nach den neuen Normen (1996) zu schriftsystemwidriger Kommasetzung führt.

Trotz der vielfältigen Kritik von Sprachwissenschaftlern an dieser nicht syntaktisch abgesicherten Norm wurde diese auch im Rahmen der ersten Überarbeitung der Rechtschreibreform im Jahr 2004 nicht verändert. So hieß es in der 23. Auflage des Rechtschreibdudens (2004) zur Kommasetzung bei Infinitiven:

K 116 Infinitivgruppen kann man durch Komma[s] abtrennen, um die Gliederung des Satzes deutlich zu machen oder um Missverständnisse auszuschließen.[114]

K 117 Infinitivgruppen werden durch Komma abgetrennt, wenn sie (1.) mit einem hinweisenden Wort oder einer Wortgruppe angekündigt werden oder wieder aufge-

---

108 Beispiel entnommen aus Duden (1996): R 75.
109 Duden (1996): R 75.
110 Beispiel entnommen aus Duden (1996): R 75.
111 Beispiel entnommen aus Duden (1996): R 75.
112 Beispiel entnommen aus Duden (1996): R 75.
113 Primus (1997): S. 485.
114 Duden (2004): K 116.

nommen werden, (2.) als einem Substantiv oder Pronomen nachgestellte Zusätze oder Erläuterungen anzusehen sind.[115]

Mit der Überarbeitung des Reformwerks im Jahr 2006 und dem Erscheinen der 24. Auflage des Rechtschreibdudens (2006) wurde schließlich der Tatsache Rechnung getragen, dass Infinitive mit »zu« in der Funktion eines Adverbiales aufgrund ihres Kohärenzverhaltens nie ein komplexes Prädikat mit dem übergeordneten Verb bilden.[116] Aus diesem Grund sind Infinitive, die von einer Partikel (»als«, »anstatt«, »außer«, «ohne«, »statt«, »um«) eingeleitet werden, ab 2006 wieder obligatorisch mit Beistrich abzutrennen.

> K 116 Infinitivgruppen kann man durch Komma[s] abtrennen, um die Gliederung des Satzes deutlich zu machen oder um Missverständnisse auszuschließen.[117]

> K 117 Infinitivgruppen werden durch Komma abgetrennt, wenn sie (1.) mit »als«, »anstatt«, »außer«, »ohne« oder »um« eingeleitet werden; (2.) von einem Substantiv abhängen; (3.) mit einem hinweisenden Wort angekündigt oder wieder aufgenommen werden; (4.) Man kann bei einem einfachen Infinitiv (nur Verb + zu) die Kommas auch weglassen, sofern keine Missverständnisse entstehen können.[118]

Damit entspricht mit dem Reformwerk 2006 die kodifizierte Norm wieder weitestgehend den syntaktischen Regularitäten des Schriftsystems.

3.2.2 Zusammenfassung

Es konnte gezeigt werden, dass die Normierung zur Kommasetzung bei Infinitivgruppen im Rahmen des Reformierungsprozesses der deutschen Rechtschreibung eine wechselhafte Entwicklung durchlebt hat. Vor allem in der Zeit zwischen 1996 und 2006, wo die Setzung des Beistrichs bei Infinitivkonstruktionen nicht auf die Satzwertigkeit der Infinitivgruppe zurückgeführt und größtenteils dem Schreibenden überlassen wurde, entsprach die kodifizierte Norm nicht den Regularitäten des Schriftsystems. So war in dieser Zeit Kommasetzung bei kohärent angeknüpften Infinitivgruppen und Kommaauslassung bei inkohärenten Infinitivkonstruktionen gestattet. Vor 1996 und nach 2006 entsprechen die Normen weitestgehend den Regularitäten des Schriftsystems – auch wenn die zugrunde liegende Regularität, nämlich die Satzwertigkeit der Infinitivgruppe, nicht erkannt bzw. nicht explizit im Rechtschreibduden benannt wird.

---

115 Duden (2004): K 117.
116 Gallmann, (1992): S. 9.
117 Duden (2006): K 116.
118 Duden (2006): K 177.

3.3 Herausstellungen

Herausstellungen zeichnen sich dadurch aus, dass sie keine vollständige subordinative Verknüpfung darstellen, aber auch nicht vollständig losgelöst von der syntaktischen Umgebung sind. „Die Herauslösung aus der Matrixstruktur bei gleichzeitiger Verknüpfung mit ihr ist das, was sie ausmacht."[119] Eine Folgeerscheinung der syntaktischen Isolation von herausgestellten Elementen ist, dass sie für den Trägersatz, rein syntaktisch betrachtet, fakultativ sind. Dies bedeutet, dass der Trägersatz ohne herausgestelltes Element syntaktisch wohlgeformt sein muss. Damit ist noch nichts darüber ausgesagt, ob der Trägersatz ohne herausgestelltes Element auch prosodisch, semantisch oder pragmatisch angemessen ist.

In der Sprachwissenschaft hat sich der Herausstellungsbegriff von ALTMANN [120] etabliert (vgl. BUßMANN 2002, GLÜCK 2005), womit Herausstellungen wie folgt kategorisiert werden: Zu den Herausstellungen am linken Satzrand gehören die »Linksversetzung« (vgl. (65.)) und die »Vokativische Herausstellung« (vgl. (67.)). Herausstellungen am rechten Satzrand sind »Rechtsversetzung« und »Nachtrag« (vgl. (68.)). Außerdem gilt auch die »Parenthese« (vgl. (69.)) als Herausstellung.

(65.) Deine Mutter, die habe ich gut gekannt.
(66.) Die Brigitte? Die kann ich nicht ausstehen.
(67.) Harry, fahr bitte den Wagen vor.
(68.) Das Schiff verkehrt wöchentlich einmal, und zwar sonntags.
(69.) Die alte Generation, natürlich, war noch bereit draufzuzahlen.

Die Herausstellung als freies Thema ist innerhalb der Herausstellung eine Sonderform. Die Herausstellung ist in diesem Fall syntaktisch so stark herausgestellt, dass hier zur Verdeutlichung das herausgestellte Element nicht mit einem Komma, sondern mit einem Satzabschlusszeichen (Punkt, Fragezeichen, Ausrufezeichen) vom Matrixsatz abgetrennt wird (vgl. (66.)). Obwohl in (66.) die Matrixstruktur jeweils eine für Linksversetzung charakteristische pronominale Kopie im Vorfeld aufweist, kann die Gesamtkonstruktion nicht als Linksversetzung im Altmann'schen Sinn eingeordnet werden. Eingeschobene Herausstel-

---

119 Vgl. Primus (2008): S. 48.
120 Vgl. Altmann (1981): In der von Altmann entworfenen Klassifizierung zählen zu den Herausstellungen am linken Satzrand die »Linksversetzung« (Deine Mutter, die habe ich gut gekannt.), »Freies Thema« (Apropos Pferde! Hast du schon Peters neue Stallungen gesehen?) und die »Vokativische Herausstellung«. Herausstellungen am rechten Satzrand sind »Rechtsversetzung« und »Nachtrag«. Außerdem gilt auch die »Parenthese« als Herausstellung.

lungen lassen sich nicht durch Satzabschlusszeichen abtrennen, da diese grammatisch nicht lizenzierte Abbruchstellen schaffen.[121] Aufgrund dieser Tatsache werden Herausstellungen als freies Thema im Rahmen dieser Arbeit nicht weiter berücksichtigt.

3.3.1 Syntaktische Entsprechung der kodifizierten Normen

Im Rahmen der Rechtschreibreform (1996) wurden die Normen zur Kommasetzung bei Herausstellungen nicht modifiziert, lediglich die Kategorisierung und Strukturierung der Normen wurde im Rahmen des Reformprozesses marginal verändert. Über den gesamten Untersuchungszeitraum lässt sich jedoch beobachten, dass die Kommaregelungen für Herausstellungen in unterschiedliche Paragrafen innerhalb der Grammatik des Rechtschreibdudens aufgeteilt und oftmals nach funktionalen Kriterien[122] angeordnet sind. Eine syntaktische Klassifizierung – wie beispielsweise nach ALTMANN[123] – ist nicht zu erkennen.

Aufgrund der Tatsache, dass auf Ebene der Kommasetzung bei Herausstellungen im Rahmen der Rechtschreibreform keine Normänderungen eingetreten sind, werden im Folgenden die Normen aus der 24. Auflage des Rechtschreibdudens (2006) zur Darstellung verwendet.

Nach links (vgl. (70.)) oder rechts (vgl. (71.)) herausgestellte Satzelemente werden laut Rechtschreibduden mit Komma abgetrennt.

> **K 129** Mit einem hinweisenden Wort oder einer Wortgruppe angekündigte oder wieder aufgenommene Satzteile sind aus dem übrigen Satzzusammenhang hervorgehoben. Man grenzt sie durch Komma ab.[124]

(70.) In diesem Krankenhaus, da haben sie mir die Mandeln herausgenommen.[125]

(71.) Im engsten Familienkreis und ohne große Feierlichkeiten, so erlebte sie ihren Ehrentag.[126]

Auch vokativische Herausstellungen (vgl. (72.) und (72.)), die Apposition (vgl. (74.) und (75.)), Parenthesen (vgl. (77.)) und Nachträge (vgl. (76.)) werden laut Rechtschreibduden mit Komma vom übrigen Satz abgetrennt.

> **K 132** Das Komma trennt die Anrede vom übrigen Satz.[127]

---

121 Primus (2008): S. 60.
122 Vgl. Primus (1997).
123 Vgl. Altmann (1981).
124 Duden (2006): K 129.
125 Beispiel entnommen aus Duden (2006): K 129.
126 Beispiel entnommen aus Duden (2006): K 129.

(72.) Harry, fahr bitte den Wagen vor.[128]
(73.) Danke für euer Verständnis, Freunde.[129]

K 103 Das Komma trennt den nachgestellten Beisatz (die Apposition) ab; eingeschobene Beisätze werden von Kommas eingeschlossen. Gelegentlich zeigt allein das Komma, ob eine Aufzählung oder ein Beisatz vorliegt. In diesen Fällen kann also das Komma den Sinn des Satzes verändern.[130]

K 104 Wenn der Beisatz Teil des Namens ist, steht kein Komma.[131]

(74.) Das ist Michael, mein Bruder.[132]
(75.) Heinrich der Löwe wurde im Dom zu Braunschweig begraben.[133]

K 105 Das Komma trennt nachgestellte Erläuterungen ab. (Solche Erläuterungen werden häufig durch „und zwar", „nämlich", „z. B.", „insbesondere" oder ähnliche Wörter und Fügungen eingeleitet.)[134]

(76.) Es gibt vier Jahreszeiten, nämlich Frühling, Sommer, Herbst und Winter.[135]

K 106 Das Komma trennt einem Substantiv oder Pronomen nachgestellte Adjektive und Partizipien sowie entsprechende Wortgruppen ab. Sind sie in den Satz eingeschoben, werden sie von Kommas eingeschlossen.[136]

(77.) Dein Wintermantel, der blaue, muss in die Reinigung.[137]

In den hier beschriebenen Fällen von Herausstellungskonstruktionen besteht zwischen DUDEN und dem syntaktischen Beschreibungsansatz (vgl. Kapitel 2) in Bezug auf die Kommasetzung kein Dissens. Nach PRIMUS erfüllen sowohl die Herausstellungen nach rechts (*Rechtsversetzung* und *Nachtrag*) als auch die Herausstellungen nach links (*Linksversetzung*, *Freies Thema* und *Vokativische Herausstellung*) die in von PRIMUS formulierten Bedingungen zur Kommasetzung. Zwischen dem herausgestellten Ausdruck und dem Matrixsatz ist die

---

127 Duden (2006): K 132.
128 Beispiel entnommen aus Duden (2006): K 132.
129 Beispiel entnommen aus Duden (2006): K 132.
130 Duden (2006): K 103.
131 Duden (2006): K 104.
132 Beispiel entnommen aus Duden (2006): K 103.
133 Beispiel entnommen aus Duden (2006): K 104.
134 Duden (2006): K 105.
135 Beispiel entnommen aus Duden (2006): K 105.
136 Duden (2006): K 106.
137 Beispiel entnommen aus Duden (2006): K 106.

Kommasetzung obligatorisch, da zwischen ihnen eine Satzgrenze (SG) interveniert, die auch nach ALTMANN[138] belegt ist, wodurch Kommasetzung obligatorisch ist.

(78.) In diesem Krankenhaus [SG] da haben sie mir die Mandeln herausgenommen. (Linksversetzung)
(79.) Im engsten Familienkreis und ohne große Feierlichkeiten [SG] so erlebte sie ihren Ehrentag. (Rechtsversetzung)
(80.) Harry [SG] fahr bitte den Wagen vor. (Vokativische Herausstellung)
(81.) Es gibt vier Jahreszeiten [SG] nämlich Frühling, Sommer, Herbst und Winter. (Nachtrag)

Die Unterschiedlichkeit betrifft lediglich die Wahl der Beschreibungsmechanismen. Der DUDEN bedient sich einer extensionalen und damit umfangreichen Beschreibungsform (K 103, K 104, K 105, K 106, K 129, K 132). PRIMUS hingegen verwendet rein syntaktische Grundsätze und erfasst die Kommasetzung für Herausstellungen in einer prägnanten Regel. Sie zeigt damit, dass die Kommasetzung bei Herausstellungen den gleichen Regeln folgt wie bei der Subordination[139], d. h., dass sie syntaktisch motiviert ist.

Im Rechtschreibduden wird der Kommasetzung oftmals – im Besonderen bei Konstruktionen mit herausgestellten Elementen – intonatorische Funktion zugeschrieben. Laut DUDEN ist dies vor allem bei Ausrufen, kommentierenden Äußerungen und Bekräftigungen der Fall.

K 131 Ausrufe, kommentierende Äußerungen, Bekräftigungen werden durch Komma abgetrennt. Das Komma entfällt jedoch, wenn keine Hervorhebung gewollt ist.[140]

(82.) Sie hatte, leider, keine Zeit für uns.[141]
(83.) Sie hatte leider keine Zeit für uns.[142]

Durch die Einführung dieser intonatorischen ‚Bekräftigungs-Kategorie' und durch die Verwendung der entsprechenden Terminologie wird suggeriert, dass das Komma als Interpunktionszeichen eine intonatorische Funktion inne hat, die durch Kommasetzung initiiert wird. Kommaauslassung bedeutet im Gegenzug den Wegfall der intonatorischen Funktion. Der Sprachbenutzer hat somit in die-

---

138 Vgl. Altmann (1981).
139 Primus (1997): S. 480.
140 Duden (2006): K 131.
141 Beispiel entnommen aus Duden (2006): K 131.
142 Beispiel entnommen aus Duden (2006): K 131.

sen Fällen Wahlfreiheit im Bezug auf die Kommasetzung – je nachdem, ob eine besondere Hervorhebung gewollt ist oder nicht (vgl. (82.)).

Darüber hinaus postuliert der DUDEN eine separate Bedingung zur Kommasetzung in Verbindung mit dem Höflichkeitswort ‚bitte':

> **K 130** Das Wort ‚bitte' steht als bloße Höflichkeitsformel oft ohne Komma. Bei besonderer Hervorhebung wird es jedoch durch Komma abgetrennt.[143]

(84.)   Bitte nehmen Sie doch Platz.[144]
(85.)   Bitte, nehmen Sie doch Platz.[145]

Diese beiden Beispiele (vgl. (84.) und (85.)) zeigen, dass der DUDEN von einer intonatorischen Funktion des Kommas ausgeht.

PRIMUS hingegen schreibt die intonatorische Funktion, die in den Beispielen (82.) und (84.) gezeigt wurde, nicht dem Interpunktionszeichen selbst, sondern der Wahl für eine bestimmte syntaktische Konstruktion zu.[146] Der Sprachbenutzer entscheidet sich auf syntaktischer Ebene für oder gegen eine Herausstellungskonstruktion. Wenn er sich für die herausgestellte Form entscheidet, ist aufgrund der intervenierenden Satzgrenzen die Kommasetzung obligatorisch. Somit hat nach PRIMUS der Sprachbenutzer nicht die ‚Wahlfreiheit' zur Kommasetzung, sondern vielmehr die ‚Entscheidungsfreiheit'[147] für oder gegen eine bestimmte syntaktische Struktur. Entscheidet sich der Sprachbenutzer für die Herausstellungsstruktur, entscheidet er sich damit auch für die Kommasetzung. Sie ist dann obligatorisch.

Ein ‚Sonderfall' der parenthetischen Herausstellung soll im Rahmen dieser Untersuchung nicht unberücksichtigt bleiben, nämlich die im DUDEN unter der Kategorie »formelhaft gebrauchte [verkürzte] Nebensätze« behandelten Einschübe.

> **K 125** Bei formelhaft gebrauchten [verkürzten] Nebensätzen kann das Komma weggelassen werden.[148]

(86.)   Er ging [,] wie immer [,] nach dem Essen spazieren.[149]
(87.)   Wir wollen die Angelegenheit [,] wenn möglich [,] heut noch erledigen.[150]

---

143   Duden (2006): K 130.
144   Beispiel entnommen aus Duden (2006): K 130.
145   Beispiel entnommen aus Duden (2006): K 130. Hier jedoch um die ‚besondere Hervorhebung' erweitert, sodass das Wort ‚bitte' mit Komma abgetrennt ist.
146   Primus (1997): S. 480.
147   Primus (1997): S. 481.
148   Vgl. Duden (2006): K 125.
149   Beispiel entnommen aus Duden (2006): K 125.

Diese Konstruktionen werden vom DUDEN aufgrund ihres formelhaften Charakters als nicht vollwertige (Neben-)Sätze betrachtet und werden dementsprechend auch im Zusammenhang mit den Kommaregelungen für syntaktisch eingebettete Sätze behandelt.

Anders als bei ‚nicht formelhalft gebrauchten' Nebensätzen gewährt der DUDEN für Konstruktionen wie in (86.) und (87.) in Bezug auf die Kommasetzung dem Schreibenden eine Wahlfreiheit. Hier wirft sich die Frage auf, warum ausgerechnet die Konstruktion der formelhaft gebrauchten und verkürzten Einschübe einer speziellen Kommasetzungsregel bedarf und wo hier der Unterschied – im Speziellen der syntaktische Unterschied – zu nicht verkürzten oder formelhaft gebrauchten Teilsätzen besteht. Denn bei einem erweiterten Einschub wie *Er ging, wie jeden Sonntag, nach dem Essen spazieren.* ist auch laut der Grammatik des Rechtschreibdudens die Kommasetzung obligatorisch, da hier der Konstituentensatz keinen ‚formelhaften Charakter' besitzt.

Auf syntaktischer Ebene ist die Freistellung der Kommasetzung innerhalb dieser Konstruktionen auf zwei Mechanismen zurückzuführen: Aufgrund der zur Konvention gewordenen formelhaften Verwendung des verkürzten Nebensatzes hat dieser auf syntaktischer Ebene seine Satzwertigkeit verloren, weshalb durch die fehlende intervenierende Satzgrenze Kommasetzung nicht gestattet ist. Kommasetzung ist jedoch notwendig, wenn der Schreibende diesen fakultativen Einschub aus dem Matrixsatz hervorheben möchte und sich für eine Herausstellungskonstruktion entscheidet. In diesem Fall entstehen zwischen herausgestelltem Element und Matrixsatz Satzgrenzen, die Kommasetzung obligatorisch machen.[151]

Die hier dargestellte syntaktische Regularität, die sich auf die Satzwertigkeit der eingebetteten Konstituente bezieht, wird vom Rechtschreibduden nicht erfasst. Stattdessen wird eine neue Kategorie der ‚formelhaft gebrauchten [verkürzten] Nebensätze' geschaffen, die vom Schriftsystem nicht abgedeckt ist.

3.3.2 Zusammenfassung

Es konnte gezeigt werden, dass die in der Sprachwissenschaft etablierte Kategorisierung der Herausstellungen nach ALTMANN[152] im Rechtschreibduden keine Berücksichtigung findet. Vielmehr werden die einzelnen Regelungen zur Kommasetzung bei Herausstellungen in verschiedenen, nicht miteinander zusammenhängenden Einzelregeln verklausuliert und mit einer Vielzahl von Bei-

---

150 Beispiel entnommen aus Duden (2006): K 125.
151 Vgl. S. 14, Teilregel I (b).
152 Vgl. Altmann (1981).

spielsätzen und -konstruktionen versehen. Die eigentliche im Schriftsystem verankerte syntaktische Regel wird jedoch nicht erfasst.

PRIMUS hingegen erfasst die Gesamtheit der Kommaregelungen bei Heraushebungen in einer prägnanten Regel (vgl. Kapitel 2), indem sie sich auf die syntaktische und semantische Struktur des Satzes bezieht, die Kommasetzung obligatorisch macht. Damit legt sie bei Herausstellungen die gleichen syntaktischen Regeln wie bei Subordination voraus und begründet die Motivation zur Kommasetzung bei Herausstellungen auch durch das Vorhandensein einer syntaktischen oder semantischen Satzgrenze.

Somit unterscheiden sich die Normen im Rechtschreibduden und die Bedingungen zur Kommasetzung von PRIMUS nicht in Bezug auf die tatsächliche Setzung des Kommas, sondern setzen unterschiedliche Motivationen für die Kommasetzung voraus: PRIMUS bezieht sich ausschließlich auf die syntaktische Struktur des Ausdrucks, der Kommasetzung obligatorisch macht oder ausschließt. Die Normen im DUDEN hingegen schreiben dem Interpunktionszeichen selbst eine sinnstiftende und die Satzaussage verändernde Kompetenz zu.

Eine Sonderrolle nehmen jedoch Konstruktionen mit ‚formelhaft gebrauchten [verkürzten] Nebensätzen' ein. Der Rechtschreibduden erkennt richtigerweise, dass hier die verkürzten Nebensätze aufgrund des formelhaften Gebrauchs ihre Satzwertigkeit verlieren. Nicht erkannt wird jedoch, dass innerhalb dieser Konstruktionen keine Wahlfreiheit der Kommasetzung besteht, sondern dass der Sprachbenutzer lediglich die Wahl zwischen zwei syntaktischen Konstruktionen hat. Entscheidet er sich für die Herausstellung des formelhaften Ausdrucks, so ist Kommasetzung obligatorisch; entscheidet er sich gegen die Herausstellung, so ist Kommasetzung nicht gestattet.

4 Norm- oder Systemkonformität: Eine empirische Untersuchung

In den vorhergehenden Kapiteln wurde der syntaktische Beschreibungsansatz zur Kommasetzung im Deutschen von PRIMUS den amtlichen Regelungen zur deutschen Rechtschreibung unter Zuhilfenahme des Rechtschreibdudens gegenübergestellt. Berücksichtigt wurde dabei nicht nur das aktuell gültige Regelwerk[153], sondern auch die verschiedenen Stadien der Umsetzung der Rechtschreibreform (1996) sowie die vor dieser Reformierung gültigen Normierungen.

Es wurde gezeigt, dass PRIMUS der Kommasetzung im Deutschen syntaktische Regularitäten zugrunde legt, die im Schriftsystem verankert sind. Die amtlichen Regelungen, die im Rechtschreibduden allgemeinverständlich aufgearbeitet werden, berücksichtigten im Rahmen der Rechtschreibreform (1996) und deren Überarbeitungen (2004 und 2006) eben diese Motivation zur Kommasetzung in einigen syntaktischen Konstruktionen nicht, wichen von diesen ab und kodifizierten damit – laut PRIMUS – eine vom Schriftsystem nicht motivierte Norm.

Im Folgenden soll empirisch untersucht werden, wie kompetente Sprachbenutzer[154] vor, während und nach den Bemühungen zur Reformierung der deutschen Rechtschreibung den Beistrich innerhalb derjenigen syntaktischen Konstruktionen setzen, deren Normierung nach PRIMUS nicht auf einer im Schriftsystem verankerten Norm beruhen. Dies betrifft das Kommasetzungsverhalten bei koordinierten vollständigen und voneinander unabhängigen Sätzen, die durch eine echte koordinierende Konjunktion miteinander verbunden sind, und bei Infinitivkonstruktionen. Darüber hinaus wird das Kommasetzungsverhalten bei Herausstellungskonstruktionen untersucht. Diese wurden im Rahmen der Rechtschreibreform (1996) nicht modifiziert, auch unterscheiden sich PRIMUS und DUDEN nicht bezüglich der Anwendung des Beistrichs, jedoch bestehen auf Beschreibungsebene zwischen beiden Unterschiede.

Im Folgenden werden diese zu untersuchenden syntaktischen Konstruktionen und die entsprechenden für die Untersuchung relevanten Fragestellungen dargestellt.

---

153 Grundlage der Untersuchung ist die 24. Auflage des Rechtschreibdudens (2006).
154 An die Gruppe der »kompetenten Sprachbenutzer« werden spezielle Anforderungen gestellt, die bei der Zusammenstellung des der Untersuchung zugrunde liegenden Korpus (vgl. 0) genauer definiert werden.

- **Koordinierte vollständige und unabhängige Sätze, die durch eine echte koordinierende Konjunktion miteinander verbunden sind.**

Vollständige Satzformen, die syntaktisch nicht voneinander abhängen, können von einem einzigen Satzknoten dominiert werden[155], dabei sind die einzelnen Elemente dieser Konstruktion koordiniert und werden durch eine Konjunktion oder den Beistrich voneinander abgetrennt.

(88.) Die Musik wird leiser, der Vorhang hebt sich *und* das Spiel beginnt.[156]

Tritt zwischen die Konjunkte der Koordination zusätzlich zum Beistrich eine »echte koordinierende Konjunktion«, so war, wie in Kapitel 3.2 gezeigt, bis zur Reform der deutschen Rechtschreibung (1996) die Beibehaltung des Beistrichs obligatorisch (vgl. (89.)). Kein Komma war lediglich zu setzen, wenn die verbundenen selbstständigen Sätze „kurz und eng zusammengehören" (vgl. (90.)).[157]

(89.) Es ist kurz vor Mittag im südtürkischen Antalya, *und* die Hoffnungen, die Frau W. vor einigen Stunden noch hatte, sind dahin.[158]

(90.) Er grübelte *und* er grübelte.[159]

Mit Umsetzung der reformierten Rechtschreibung wurde dieses Kommagebot aufgehoben und dem Sprachbenutzer eine Wahlfreiheit bezüglich der Kommasetzung bei Koordination vollständiger Hauptsätze eingeräumt (vgl. (91.)).[160]

(91.) In unserer Wohnung war es sehr eng [,] *und* ich konnte selten Freunde zum Spielen einladen.[161]

Innerhalb dieser syntaktischen Konstruktion besteht nach PRIMUS' Verwendungsbedingungen der Kommasetzung im Deutschen[162] jedoch innerhalb des Schriftsystems keine Motivation zur Setzung oder Nicht-Setzung des Beistrichs:

---

155 Vgl. Primus (1993): S. 145.
156 Beispiel entnommen aus Duden (1991): R 109.
157 Duden (1991): R 109.
158 COSMAS II, NUN07/JUL.00692 Nürnberger Nachrichten, 07.07.2007, S. 3; „Auch die Tränen vor Gericht halfen Marco nicht – Der 17-Jährige aus Uelzen bleibt noch mindestens einen Monat im Gefängnis".
159 Beispiel entnommen aus Duden (1991): R 109.
160 Duden (1996): R 85.
161 COSMAS II, NUN09/JUL.03706 Nürnberger Nachrichten, 04.07.2009, S. 2; „Wo Mädchen unter sich sind – Internationales Zentrum Gostenhof 30 Jahre alt", Klammerzusatz von mir.
162 Vgl. Kapitel 2 und Primus (1993, 1997, 2006).

Kommasetzung ist nach PRIMUS regulär genau dann, wenn die einzelnen Konjunkte der Koordination von einem Satzknoten dominiert werden – diese Bedingung ist erfüllt – und „die Koordination nicht durch eine echte koordinierende Konjunktion gekennzeichnet"[163] ist. „Die Auslassung des Kommas in diesem Fall (bei Vorhandensein einer echten koordinierenden Konjunktion) ist nicht syntaktisch motiviert, sondern, wenn überhaupt, nur durch das funktionale Prinzip der Ökonomie der Markierung zu erklären."[164] Aufgrund dessen kritisierte PRIMUS bereits 1993 diese nicht vom Schriftsystem abgedeckte Norm und forderte die „Gleichbehandlung aller koordinierten Glieder, so daß zwischen koordinierten Sätzen (Hauptsätzen wie Nebensätzen) ein echter Koordinator alternativ zum Komma gesetzt werden darf"[165].

Die in Kapitel 5 durchgeführte Untersuchung wird Aufschluss darüber geben, wie kompetente Sprachbenutzer die Kommasetzung im Geltungsbereich der einzelnen Stadien der Rechtschreibreform (1996) bei koordinierten vollständigen und unabhängigen Sätzen anwenden. Verhalten sie sich normkonform, d. h. setzen sie vor Einführung der Rechtschreibreform (1996) innerhalb dieser syntaktischen Konstruktion zusätzlich zur echten koordinierenden Konjunktion ein Komma oder verhalten sie sich schriftsystemkonform und verzichten auf den Beistrich? Berücksichtigt werden soll bei der Untersuchung auch die Frage, ob die Reformierung der deutschen Rechtschreibung bei den Sprachbenutzern eine Verhaltensänderung in Bezug auf die Kommasetzung hervorgerufen hat.

In einer zweiten Korpusrecherche (vgl. Kapitel 6) wird anschließend untersucht, ob im Vergleich zur vorangehenden Untersuchung ein abweichendes Kommasetzungsverhalten innerhalb von Texten, die nicht den verschiedenen Stadien der Reformbewegung unterlagen, festzustellen ist.

- **Kohärent, inkohärent und fakultativ-kohärent angeknüpfte Infinitivgruppen**

In Kapitel 3.3 wurde gezeigt, dass die Kommasetzung bei Infinitivgruppen anhand ihres Kohärenz- bzw. Integrationsverhaltens bestimmt wird.[166]

(92.) Die Ernsthaftigkeit der Lage *scheint* der Mannschaft bewusst *zu sein*.[167]

---

163 Primus (1997): S. 246.
164 Primus (1993): S. 248.
165 Primus (1997): S. 482.
166 Vgl. Bech (1955).
167 COSMAS II, NUN09/JUL.06578 Nürnberger Nachrichten, 31.07.2009, S. 26; „Kleeblatt fährt zum Spiel des Jahres – Die Fürther Zweitligaprofis stehen in der Pokal-Partie in Worms unter enormem Druck".

(93.) Er *braucht* den guten Willen der Bevölkerung, *um* seine stark umstrittene Reform der öffentlichen Dienste im Parlament *durchzudrücken*.[168]

(94.) Frank-Walter Steinmeier *versucht* [,] das Beste aus der Situation *zu machen*.[169]

Demnach sind kohärent angeknüpfte Infinitivgruppen nie satzwertig und werden nicht mit Beistrich abgetrennt (vgl. (92.)). Inkohärent angeknüpfte Infinitivgruppen hingegen sind immer satzwertig und werden mit Komma vom übergeordneten Matrixsatz abgetrennt (vgl. (93.)). Von diesen beiden Gruppen sind die fakultativ-kohärenten Infinitive abzuheben, die „als Ergänzung zum Matrixverb fungieren und keine Kohärenzrestriktionen verletzen"[170] und bei denen sich demnach „keine Indizien für oder gegen Satzwertigkeit finden"[171] lassen (vgl. (94.)). Für diese spezielle Gruppe spricht PRIMUS dem Schreibenden „eine Entscheidungsfreiheit bei der Wahl der Konstruktion" zu – diese betrifft jedoch „nicht die Kommasetzung selbst, sondern die Wahl der syntaktischen Konstruktion"[172].

In der Normbeschreibung des Rechtschreibdudens hat die Kommasetzung bei Infinitivgruppen – wie in Kapitel 3.3 gezeigt – eine wechselhafte Entwicklung durchgemacht. Bis zur Reformierung der deutschen Rechtschreibung im Jahr 1996 waren Infinitivgruppen grundsätzlich mit Beistrich abzutrennen, lediglich in Ausnahmefällen – beispielsweise der nicht eindeutigen Unterscheidungsmöglichkeit zwischen der Verwendung als selbstständiges Verb oder als Hilfsverb oder in Verbindung mit den Hilfsverben »sein«, »haben«, »brauchen«, »pflegen«, »scheinen«[173] – war Kommasetzung freigestellt oder nicht gestattet. Die Folgeerscheinungen der Kohärenz bzw. Inkohärenz, die im Ansatz von PRIMUS zugrunde liegen, waren somit – wenn auch in den Normen nicht explizit erwähnt – in der Normbeschreibung berücksichtigt, sodass die Normierung laut PRIMUS dem Schriftsystem, zumindest in Bezug auf die Kommasetzung bei Infinitivgruppen, entsprach.

---

168 COSMAS II, NUN03/JUL.00176 Nürnberger Nachrichten, 02.07.2003; „Bruch mit Tradition: Parlament will die Hatz mit Hundemeute und Reitern verbieten".
169 COSMAS II, NUN09/JUL.06495 Nürnberger Nachrichten, 31.07.2009, S. 2; „Steinmeiers Team hat eine Lücke – Bei der Vorstellung galten die meisten Fragen der fehlenden Ulla Schmidt". Im Original wurde die Infinitivgruppe mit Beistrich vom übergeordneten Satz abgetrennt.
170 Primus (1997): S. 480.
171 Vgl. Gallmann (1992, 1997).
172 Primus (1997): S. 480.
173 Vgl. Duden (1991): R 107 oder Kapitel 3.3.

Mit der Rechtschreibreform (1996) wurde die Kommasetzung bei Infinitivkonstruktionen jedoch in Gänze freigestellt.[174] Da die liberalisierte Normierung ab 1996 keinerlei Kohärenz- und Integrationsrestriktionen von Infinitivgruppen berücksichtigt, entspricht diese nach PRIMUS einem „neuen nichtdeterministischen Regeltyp, der im deutschen Sprachsystem nicht verankert ist"[175] und zu schriftsystemwidrigen Kommasetzungen führen kann.

Die Untersuchung in Kapitel 5 soll Aufschluss über das Kommasetzungsverhalten kompetenter Sprachbenutzer bei Infinitivkonstruktionen geben. Zentral steht dabei die Frage, wie vor Einführung der Rechtschreibreform (1996) Kommasetzung bei Infinitivkonstruktionen angewendet wurde bzw. wie häufig innerhalb dieser Konstruktion Kommasetzungsfehler gemacht wurden. Aus den gewonnenen Daten lässt sich anschließend eine Aussage treffen, ob die Normen zur Kommasetzung bei Infinitivgruppen berechtigterweise aufgrund von nicht normkonformen Kommasetzungsverhaltens der Sprachbenutzer reformiert und damit liberalisiert wurden.

Darüber hinaus wird untersucht, ob die Sprachbenutzer die neue liberalisierte Normierung der Rechtschreibreform (1996) zur Kommasetzung bei Infinitiven annehmen und anwenden oder ob sie den Beschränkungen der von PRIMUS zitierten Integrations- bzw. Kohärenztheorie folgen.

- **Nachgestellte Erläuterungen und parenthetische Einschübe**

Dritter Gegenstand der empirischen Untersuchung werden Satzkonstruktionen sein, in denen einzelne Elemente aus dem Matrixsatz herausgestellt sind. Diese Konstruktionen wurden im Rahmen der Rechtschreibreform (1996) nicht modifiziert, auch unterscheiden sich PRIMUS und DUDEN innerhalb dieser Konstruktionen nicht in Bezug auf die Anwendung der Kommasetzung, jedoch besteht hier auf Beschreibungs- und Erklärungsebene zwischen PRIMUS und DUDEN zum Teil ein Dissens. Für beide ist in diesem Fall die Motivation zur Kommasetzung oder Kommaauslassung unterschiedlich, sie kommen jedoch auf dasselbe Ergebnis.

Wie in Kapitel 3.4 gezeigt wurde, kritisiert PRIMUS die „verwirrende Terminologie und (...) unsystematische Gliederung der Normen"[176] im Rechtschreibduden, die „die zugrundeliegende einfache Regularität (...) durch die

---

174 Vgl. Kapitel 3.2 und Duden (1996): R75. Den erweiterten Infinitiv mit „zu" (die Infinitivgruppe, Grundformgruppe) kann man durch Kommas abtrennen, um die Gliederung des Satzes deutlich zu machen oder um Missverständnisse auszuschließen.
175 Primus (1997): S. 485.
176 Primus (1997): S. 483.

vornehmlich funktional ausgerichtete Terminologie und Subklassifizierung verdunkelt"[177].

Beispielhaft werden in Kapitel 5.2.3 zwei syntaktische Konstruktionen mit herausgestellten Elementen untersucht, die Aufschluss über das Kommasetzungsverhalten der Sprachbenutzer geben sollen und anhand derer bewiesen werden kann, ob „Herausstellung als syntaktische Bedingung für die Kommasetzung"[178] angenommen wird.

Einerseits werden Satzkonstruktionen mit nachgestellten Erläuterungen (Nachtrag) begutachtet, bei denen sowohl PRIMUS als auch DUDEN Kommasetzung als obligatorisch erachten.

(95.) Ich möchte Lehrerin werden, *und zwar* für das Gymnasium.[179]
(96.) In diesem Reaktor hatte sich der jüngste Störfall aber im nichtradioaktiven Teil ereignet, *nämlich* an einem Transformator.[180]

Aufgrund der Fakultativität der nachgestellten Zusätze und der einleitenden Ausdrücke »und zwar« oder »nämlich« ist hier eine Herausstellungskonstruktion anzunehmen. Demnach müssten alle Belege, die eine solche Konstruktion aufzeigen, mit Komma abgetrennt sein.

Andererseits werden Einschübe, die aus der Satzstruktur herausgestellt sind (parenthetische Einschübe), Teil der Untersuchung sein. Für diese Konstruktionen gewährt der DUDEN beispielsweise bei „formelhaft gebrauchten [verkürzten] Nebensätzen" dem Schreibenden Wahlfreiheit in Bezug auf die Kommasetzung.[181] PRIMUS hingegen erachtet das Komma „bei einer durch Herausstellung entstandenen Satzgrenze" als obligatorisch und spricht lediglich auf syntaktischer Ebene, d. h. bei der Wahl für oder gegen eine Herausstellungskonstruktion, dem Sprachbenutzer eine stilistische Wahlfreiheit zu.[182]

---

177 Vgl. Primus (1997): S. 483. Nach Primus' Beschreibungsansatz folgt die Kommasetzung bei Herausstellungskonstruktionen denselben Regularitäten wie bei Satzsubordination: Das Vorhandensein einer intervenierenden Satzgrenze bestimmt die Notwendigkeit der Kommasetzung.
178 Primus (1997): S. 480.
179 COSMAS II, NUN09/JUL.06185 Nürnberger Nachrichten, 28.07.2009, S. 6; „So ändert sich die Sichtweise! START ins Studium Eine Abiturientin schildert ihre Eindrücke von einem Lehramtspraktikum".
180 COSMAS II, NUN09/JUL.03982 Nürnberger Nachrichten, 09.07.2009, S. 2; „Vattenfall patzt auch in Schweden – Vertrauen schwindet nach neuen Störfällen; Schlechte Noten für ältere Anlagen".
181 Duden (2006): K 125.
182 Primus (1997): S. 481.

(97.) Wir predigen, *wie immer*, Wasser und trinken Wein.[183]
(98.) Das Problem ist jedoch *wie immer* das Geld. [184]

Hier zeigt sich, dass im Falle dieser Parenthesen eine Herausstellungskonstruktion nicht eindeutig zu erkennen ist, sondern erst durch die Markierung der Herausstellung (beispielsweise durch Komma, Gedankenstrich, Klammerung etc.) erkennbar wird. Aufgrund der Wahlmöglichkeit für oder gegen eine Herausstellungskonstruktion kann angenommen werden, dass der Schreibende sparsamer von einer Markierungsmöglichkeit Gebrauch macht.

---

[183] COSMAS II, NUN09/DEZ.01065 Nürnberger Nachrichten, 09.12.2009, S. 25; „Ist die Welt zu retten?".
[184] COSMAS II, NUN09/JAN.01336 Nürnberger Nachrichten, 16.01.2009, S. 23; „Enge auf den Gleisen – Bahn drängt trotz Finanzkrise auf Ausbau der Schienen".

5 Korpusrecherche: Anwendung der Kommasetzung

Die in Kapitel 4 dargestellten Fragestellungen zum Kommagebrauch bei Koordination, subordinierten Infinitivgruppen und Herausstellungen sollen im Folgenden empirisch untersucht werden. Ziel ist, anschließend eine Aussage über das Kommasetzungsverhalten der Sprachbenutzer treffen zu können: Folgen Sprachbenutzer den amtlichen Regelungen und haben sie die reformierte Rechtschreibung (1996) umgesetzt oder folgen sie schriftsystemimmanenten Regeln? Hat sich mit Umsetzung der Rechtschreibreform (1996) das Kommasetzungsverhalten kompetenter Sprachbenutzer verändert?

Im Folgenden skizziere ich die Vorgehensweise, die meiner Datenerhebung und Auswertung zugrunde liegt. Ein Überblick über die Ergebnisse folgt im zweiten Teil dieses Kapitels. Die Tabellen mit allen Ergebnissen und Einzeldaten finden sich im Anhang.

5.1 Vorgehensweise

Zur Vorbereitung der Korpusrecherche werden die für die jeweiligen syntaktischen Konstruktionen passenden Kontrollwörter definiert (vgl. Kapitel 5.1.1), mit denen das Korpus durchsucht wird. An das Korpus selbst werden mehrere qualitative und quantitative Anforderungen gestellt, die maßgeblich für die Aussagefähigkeit der Untersuchung verantwortlich sind. So müssen beispielsweise die einzelnen Umsetzungszeitpunkte[185] der Rechtschreibreform innerhalb des Korpus abgrenzbar sein, der qualitative Anspruch der Autoren an ihre Texte muss nachvollziehbar sein und das Korpus muss quantitativ so umfangreich sein, dass signifikante Ergebnisse zu erwarten sind. Grundlage der Zusammenstellung des Korpus ist die Volltextdatenbank COSMAS II (vgl. Kapitel 5.1.2). Im dritten Schritt werden Suchanfragen an die Volltextdatenbank definiert, die einerseits die ausgegebenen Belege auf die gesuchten Konstruktionen weitestgehend eingrenzen, andererseits aber keine Belege unberücksichtigt lassen, die für

---

185 Am 1. Juli 1996 verpflichteten sich die deutschen Bundesländer, Österreich, die Schweiz, Liechtenstein und weitere Staaten mit deutschsprachigen Bevölkerungsteilen durch die »Wiener Absichtserklärung zur Neuregelung der deutschen Rechtschreibung«, die reformierte Orthografie bis zum 1. August 1998 einzuführen. Am 1. August 1999 versenden die Deutsche Presseagentur (dpa) und andere deutschsprachige Nachrichtenagenturen ihre Texte in einer Fassung, die der Rechtschreibreform (1996) weitgehend, aber nicht vollständig entspricht.

die Untersuchung relevant wären und damit das Untersuchungsergebnis verfälschen. Diese für die Aussagekräftigkeit der Untersuchung unabdingbare Anforderung hat zur Folge, dass eine nachgeschaltete manuelle Untersuchung der automatisch ausgegebenen Belegsätze unumgänglich ist, um aussagekräftige Ergebnisse zu erzielen.

Im Anschluss an die Korpusrecherche werden die herausgearbeiteten Daten für die Ergebnisfindung aufgearbeitet und grafisch dargestellt.

5.1.1 Auswahl der Kontrollwörter

Zur Untersuchung des Kommasetzungsverhaltens der Sprachbenutzer anhand eines schriftsprachlichen Korpus sind Kontrollwörter notwendig, mit denen die gesuchten Belege herausgefiltert werden können. Die Auswahl sollte dabei sehr sorgfältig erfolgen, sodass adäquate Aussagen über das Kommasetzungsverhalten getroffen werden können.

Um der Diskussion zu entgehen, ob es sich bei der ausgewählten Konjunktion um eine »echte« oder »unechte« handelt (vgl. Kapitel 5.1), konzentriert sich die Untersuchung der Kommasetzung bei Koordination vollständiger und unabhängiger Sätze, die mit einer echten koordinierenden Konjunktion miteinander verbunden sind, auf Belege, bei denen die Hauptsätze mit der koordinierenden Konjunktion »und« verbunden sind. Hier besteht kein Zweifel darüber, dass diese Konjunktion alle Merkmale eines »echten Koordinators« besitzt.[186]

Im Falle der Untersuchungen zur Kommasetzung bei Infinitivgruppen (erweiterter Infinitiv mit »zu«) gilt es bei der Auswahl der Kontrollwörter die Kohärenz- und Integrationsrestriktionen von Infinitiven nach BECH[187] zu beachten (vgl. Kapitel 3.3), was bedeutet, dass die für die Untersuchung zu verwendenden Kontrollwörter – die innerhalb des Satzes die Funktion des Matrixverbs erfüllen – entsprechend ihres Kohärenzverhaltens kategorisiert werden müssen: Liegt bei dem Matrixverb obligatorische Integration des Infinitivs vor, ist die Integration fakultativ oder ist diese ausgeschlossen?

Als Kontrollwörter für obligatorisch kohärente Verben werden im Rahmen der Untersuchung »scheinen« und »brauchen« verwendet. Diese Verben bilden sowohl nach der im Rechtschreibduden dargestellten Grammatik[188] als auch nach der von PRIMUS verwendeten Integrationstheorie von BECH[189] mit dem Infinitiv immer ein komplexes Prädikat und sind demnach nie satzwertig.

---

186 Vgl. Bußmann, Lexikon der Sprachwissenschaft (2002) und Kapitel 3.2.
187 Bech (1955).
188 Vgl. Duden (1991): R 107.
189 Vgl. Primus (1993): S. 257.

Im Fall der inkohärent angeknüpften Infinitivgruppen muss für die Untersuchung sichergestellt werden, dass die Infinitivgruppe nie ein komplexes Prädikat mit dem übergeordneten Verb bildet und demnach immer satzwertig ist. Dies ist der Fall, wenn Infinitive mit »zu« in der Funktion eines Adverbiales verwendet werden.[190] Grundlage der folgenden Untersuchung sind aus diesem Grund Infinitivgruppen, die mit »um« eingeleitet werden, da diese als Modifikatoren fungieren und somit nur als inkohärente, satzwertige Konstruktionen verwendet werden können.

Die dritte und wahrscheinlich häufigste Konstruktion sind Infinitivgruppen, die fakultativ kohärent verknüpft sind. Hier bildet das Verb lediglich manchmal mit dem übergeordneten Satz ein komplexes Prädikat und kann demnach satzwertig sein oder nicht. Als Grundlage der Untersuchung fakultativ-kohärent angeknüpfter Infinitive mit »zu« gelten hier die Kontrollverben »versprechen« und »versuchen«.

Das Kommasetzungsverhalten bei Herausstellungskonstruktionen wird, wie in Kapitel 4 gezeigt, anhand syntaktischer Konstruktionen mit nachgestellten Erläuterungen und parenthetischen Einschüben untersucht. Im Falle der nachgestellten Parenthesen wird das Korpus anhand der Kontrollwörter »nämlich« und »und zwar« durchsucht.[191] Sätze, die fakultative parenthetische Einschübe enthalten, werden mithilfe der Suchkomponenten »wie immer« und »wenn möglich« aus dem Korpus herausgefiltert.[192]

5.1.2 Korpus

Die deutsche Schriftsprache ist nicht nur im Bereich der Kommasetzung streng normiert. Die Anwendung und die Einhaltung dieser Normierungen sind jedoch nicht obligatorisch, außer vielleicht für staatliche Institutionen. Darüber hinaus hat jeder Sprachbenutzer ein individuelles, subjektives Sprachgefühl, das sich auf die Schriftsprache auswirkt und diese verändern kann.

Aus diesem Grund ist im Rahmen einer empirischen Arbeit, die Normierung und Normierungslücken untersucht, bei der Zusammensetzung des Korpus be-

---

190 Vgl. Gallmann (1992), S. 9.
191 Die für die Korpusrecherche ausgewählten Kontrollwörter zur Untersuchung des Kommasetzungsverhaltens bei nachgestellten Parenthesen werden auch im Rechtschreibduden (vgl. Duden (1991): R 98) als Indikatoren für obligatorische Kommasetzung angegeben.
192 »wie immer« und »wenn möglich« werden im Rechtschreibduden (vgl. Duden (1991): R 114) als formelhaft gebrauchte, unvollständige Nebensätze bezeichnet, die Kommaauslassung induzieren.

sonderer Wert auf dessen Adäquatheit zu legen. Grundsätzliche Anforderung an die hier zu untersuchenden Texte ist, dass diese in der Bundesrepublik Deutschland[193] in deutscher Sprache in Zeitungen (Tages-, Wochen- oder Monatszeitungen) erschienen sind. Mit diesem Kriterium ist sichergestellt, dass sich die Texte einerseits im Geltungsbereich des amtlichen Regelwerks zur deutschen Rechtschreibung befinden und andererseits die Autoren ein qualitatives Interesse an der sprachlichen Korrektheit ihrer Texte haben und dementsprechend die geltenden Regelungen zur deutschen Rechtschreibung einhalten.

Im Rahmen der (diachronen) Betrachtung der Auswirkungen der Rechtschreibreform auf die Kommasetzung im Deutschen werden weitere Kriterien an die Zusammensetzung des Korpus gestellt:

1. Die Texte des Korpus sollen vorzugsweise aus einem einzigen Medium entnommen werden, da dann Kontinuität bezüglich der Normanwendung angenommen werden kann.
2. Das Korpus muss Texte enthalten, die durchgängig über den gesamten Untersuchungszeitraum, d. h. von 1994 bis 2009, vorliegen.
3. Das Medium, aus dem die Texte entnommen sind, muss die Umstellung auf die reformierte Rechtschreibung zu einem bestimmten Stichtag vorgenommen und bis heute beibehalten haben.[194]

Die Korpusuntersuchung erfolgt mithilfe der Recherche in COSMAS II[195]. COSMAS II ist eine Volltextdatenbank für das linguistisch motivierte Recherchieren in den elektronischen Korpora des Institutes für Deutsche Sprache (IDS) in Mannheim.

Für diese erste Korpusrecherche wird auf die COSMAS-II-interne Datenbank der Tageszeitung *Nürnberger Nachrichten* zugegriffen, da diese alle unter (1.) bis (3.) dargestellten Anforderungen erfüllt. Darüber hinaus liegen von dieser Tageszeitung über den Zeitraum von Januar 1990 bis Dezember 2010[196]

---

193 Die Reform der deutschen Rechtschreibung wurde zu Beginn der 1990er-Jahre gemeinsam mit anderen deutschsprachigen Ländern, wie zum Beispiel der Schweiz, Österreich und Liechtenstein, angestoßen, jedoch haben sich die Reformbemühungen im Laufe der Jahre auseinanderentwickelt, sodass hier für den Untersuchungszeitraum kein einheitliches Regelwerk als Grundlage angenommen werden kann.

194 In der Diskussion über die Reform der deutschen Rechtschreibung kristallisierten sich einige Medien (darunter Süddeutsche Zeitung, SPIEGEL, Frankfurter Allgemeine Zeitung und der Springer-Verlag) als Gegner der Reformbemühungen heraus. Dementsprechend wendeten diese das reformierte Regelwerk nicht oder nur kurzzeitig an.

195 COSMAS steht für Corpus Search, Management and Analysis System. Diese Volltextdatenbank des IDS bietet mit 5,9 Milliarden Wortformen (Stand 06.06.2011) die weltweit größte digitale Sammlung mit geschriebenen deutschsprachigen Texten.

196 173.618.304 Wortformen; Stand: 11.01.12.

sämtliche Ausgaben in digital durchsuchbarer Form vor. Damit ist diese Tageszeitung innerhalb COSMAS II das größte, über den Untersuchungszeitraum zusammenhängende Medium und für diese Untersuchung geeignet.

Aus diesem COSMAS-II-internen Datenbestand wird der für die hier durchgeführte Untersuchung relevante Korpus wie folgt zusammengestellt:

- **Schreibweise nach den Normen vor Einführung der Rechtschreibreform (1996):** Sämtliche im Juli erschienenen Ausgaben der Jahrgänge 1994, 1995 und 1997 der *Nürnberger Nachrichten* werden durchsucht.[197]
- **Schreibweise nach den Normen der Rechtschreibreform (1996) und deren Überarbeitungen (2004 und 2006):** sämtliche im Juli erschienenen Ausgaben der *Nürnberger Nachrichten* der Jahrgänge 2000, 2003, 2007 und 2009. Innerhalb der Jahrgänge 2000 und 2003 wurde Normierung der Rechtschreibreform (1996) angewendet, die Jahrgänge 2007 und 2009 sind Datenbasis zur Untersuchung des Kommasetzungsverhaltens nach Überarbeitung des Rechtschreibregelwerks in den Jahren 2004 und 2006.

5.1.3 Suchanfrage

Für die Ausgabe der gesuchten Belege aus der Volltextdatenbank COSMAS II müssen vorab die Befehle für die Suchanfrage definiert werden, mit denen das in Kapitel 5.1.2 definierte Korpus durchsucht werden soll. Verwendet werden kann verständlicherweise nur die Befehlssyntax, die vom COSMAS-II-System vorgegeben ist – neue Abfrageformen können nicht in das System implementiert werden.

Die Suche nach selbstständigen Sätzen, die mit der koordinierenden Konjunktion »und« miteinander verbunden sind, erfolgt mit folgender Suchanfrage:

„und" #IN(N) <s>

Mit diesem Befehl werden alle Sätze[198] ausgegeben, die das Wort »und« enthalten, dieses aber weder am Satzanfang noch am Satzende steht.[199] Diese Suchan-

---

197 Die reformierte Rechtschreibung (1996) wurde von der Deutschen Presse-Agentur am 1. August 1999 übernommen. Der Großteil der in Deutschland erscheinenden Printmedien folgte dieser Umstellung – so auch die Nürnberger Nachrichten. Aus diesem Grund weicht der Untersuchungszeitraum vom offiziellen Umsetzungszeitraum der Rechtschreibreform (1996) ab.
198 Als »Satz« werden in COSMAS II zusammenhängende Einheiten definiert, die mit einem Satzabschlusszeichen (Punkt, Fragezeichen, Ausrufezeichen etc.) abgeschlossen werden.

frage berücksichtigt jedoch in keiner Hinsicht, welche Funktion das gesuchte Wort innerhalb der ausgegebenen Belegsätze innehat. Auch wird nicht automatisiert untersucht, ob in den ausgegebenen Sätzen Interpunktionszeichen verwendet werden und – wenn ja – an welcher Stelle im Satzgefüge diese auftreten. Wie zu erkennen, wurde die Suchanfrage so offen wie möglich formuliert, d. h. es wurden keine syntaktischen Einschränkungen angegeben. Damit ist sichergestellt, dass durch eine zu streng deterministisch formulierte Suchanfrage keine Belegsätze herausgefiltert werden, die für die Untersuchung relevant wären. Dies hat jedoch zur Folge, dass die ausgegebenen Sätze manuell dahingehend überprüft werden müssen, ob die in ihnen enthaltene koordinierende Konjunktion vollständige Sätze miteinander verbindet oder ob das Wort »und« in einem anderen, für diese Untersuchung nicht relevanten Kontext verwendet wird.

Die Suche nach Infinitiven mit »zu«, die im Zusammenhang mit einem der in Kapitel 5.1.1 definierten Kontrollverben innerhalb eines Satzes auftreten, wird mit folgender Suchanfrage aus dem Korpus ausgelesen:

&Kontrollverb /s0 *zu*[200]

Im Falle dieser Suchanfrage werden zwei Wortformoperatoren[201] verwendet, die sicherstellen, dass das gewünschte Ergebnis so genau wie möglich ausfällt. Der Grundformoperator »&« direkt vor dem zu suchenden Kontrollverb „ermöglicht nicht nur die Suche nach Flexions-, sondern auch nach Wortbildungsformen zu einer in der Suchanfrage eingegebenen Grundform (einem unflektierten Wort bzw. Wortbildungsmorphem)"[202]. Damit werden auch die unterschiedlichen Flexionsformen der gesuchten Verben mit in die Suchanfrage einbezogen. Als weiterer Wortformoperator wird der Platzhalteroperator »*«[203] in Zusammenhang mit der Partikel »zu« kombiniert. Durch diesen Operator wird sichergestellt, dass auch Wortverbindungen aus Partikel und infinitem Verb durch die Suchan-

---

199 Da hier nach Sätzen gesucht wird, die mit »und« miteinander verbunden sind, sind Belege mit »und« am Satzanfang oder Satzende nicht relevant und müssen nicht mit ausgegeben werden.
200 Es werden die Grundformen der zu suchenden Kontrollverben verwendet, zum Beispiel würde die Suchanfrage für das Kontrollverb »brauchen« folgendermaßen lauten: &brauchen /s0 *zu*
201 COSMAS II bietet dem Anwender eine Vielzahl von Wortformoperatoren, mit denen die Suchanfrage spezifiziert werden kann. Zu unterscheiden sind Platzhalteroperatoren, Grundformoperatoren und Ignorierungsoperatoren.
202 Vgl. http://www.ids-mannheim.de/cosmas2/win-app/hilfe/suchanfrage/eingabezeile/syntax/grundform.html
203 Der Abstandsoperator »*« steht für 0 bis n Zeichen (keines bis ‚unendlich' viele); siehe http://www.ids-mannheim.de/cosmas2/win-app/hilfe/suchanfrage/eingabezeile/syntax/platzhalter.html

frage mit ausgelesen werden. Der Abstandsoperator »/s0« definiert, dass die beiden gesuchten Wortformen innerhalb eines Satzes[204], unabhängig von ihrer Stellung, auftreten.

Eine etwas veränderte Suchanfrage ist für die Suche nach Infinitivgruppen, die mit »um« eingeleitet werden, notwendig. Hier lautet die Suchanfrage:

um /+s0 *zu*

Die veränderten Operatoren bewirken, dass nur diejenigen Sätze aus dem Korpus ausgegeben werden, in denen auf die Partikel »um« die Partikel »zu« folgt. Der Wortabstand zwischen den beiden Partikeln spielt jedoch keine Rolle, relevant ist lediglich, dass sich beide im Wirkungsbereich desselben Satzknotens befinden. Durch die Verwendung des Platzhalteroperators »*« ist auch in diesem Falle sichergestellt, dass Wortverbindungen mit »zu« ausgegeben werden.

Auch im Falle der parenthetischen Herausstellungen, die mit »und zwar« oder »nämlich« eingeleitet werden, soll das Korpus nach dem Kommasetzungsverhalten der Sprachbenutzer zur Kennzeichnung dieser nachgestellten Elemente durchsucht werden. Für die »nämlich«-Suchanfrage werden aus dem Korpus alle Sätze ausgelesen, die das Wort »nämlich« enthalten. Für die komplexere Suchanfrage nach Parenthesen, die mit »und zwar« eingeleitet werden, wird folgendes Suchmuster verwendet:

„und" /+w1 zwar

Der Abstandsoperator »+w1« stellt in diesem Fall sicher, dass die gesuchten Wörter direkt aufeinander in der angegebenen Reihenfolge auftreten.

Für die Ausgabe von Belegsätzen, in denen die Konstituenten »wie immer« und »wenn möglich« als parenthetische Einschübe verwendet werden, werden folgende Suchanfragen verwendet:

wie /+w1 immer
wenn /+w1 möglich

Der Abstandsoperator »+w1« stellt auch in diesem Fall sicher, dass die gesuchten Wörter direkt aufeinander in der gewünschten Reihenfolge auftreten. Wie auch bei den vorherigen Suchanfragen bleiben auch bei den Herausstellungskonstruktionen Interpunktionszeichen unberücksichtigt.

---

204 Der Abstandsoperator »*« steht für 0 bis n Zeichen (keines bis ‚unendlich' viele); siehe http://www.ids-mannheim.de/cosmas2/win-app/hilfe/suchanfrage/eingabezeile/syntax/platzhalter.html

5.2 Ergebnisse

Die Ergebnisse der Korpusrecherche geben Aufschluss über das Kommasetzungsverhalten kompetenter Sprachbenutzer im Falle von Koordination selbstständiger Sätze, von Infinitivkonstruktionen und von herausgestellten Elementen. Darüber hinaus wird die Analyse der Ergebnisse zeigen, ob sich durch die veränderten Regelungen zur deutschen Rechtschreibung (1996) Änderungen bezüglich der Anwendung der Kommasetzung ergeben haben.

5.2.1 Koordination

Das Korpus[205] wurde nach Sätzen durchsucht, die das (graphematische) Wort »und« enthalten (vgl. Kapitel 5.1.3). Aufgrund des häufigen Vorkommens des Suchwortes[206] wurde die manuelle Untersuchung auf die erste im Juli erschienene Samstagsausgabe der im Korpus vorhandenen Jahrgänge beschränkt.

Insgesamt konnten innerhalb des definierten Untersuchungszeitraums 275 Belegsätze gefunden werden, in denen vollständige Sätze koordinativ miteinander verbunden sind. Diese Belege verteilen sich folgendermaßen auf die einzelnen Ausgaben der Tageszeitung *Nürnberger Nachrichten*:

Tabelle 1: Koordinierte Hauptsätze, die mit der koordinierenden Konjunktion »und« miteinander verbunden sind | Verteilung der Belege über den Untersuchungszeitraum

03.07.93	02.07.94	01.07.95	05.07.97	01.07.00	05.07.03	07.07.07	04.07.09
37	33	29	26	38	24	44	44

Die gefundenen Belege wurden nach folgenden Merkmalen kategorisiert und zur grafischen Darstellung aufgearbeitet (vgl. Abb. 1):

- Koordinierte selbstständige Sätze, die inhaltlich nicht eng zusammengehören und in denen ausschließlich die echte koordinierende Konjunktion »und« die Koordination anzeigt. (weiß)

---

205 Um statistisch signifikantere Ergebnisse zu erhalten, wurde das dieser Recherche zugrunde gelegte Korpus abweichend von der Korpusdefinition in Kapitel 5.1.2 um den Jahrgang 1993 erweitert.
206 Insgesamt lieferte die Suchanfrage über 100.000 Belegsätze, die das Wort »und«, unabhängig von der jeweiligen syntaktischen Funktion, enthalten.

- Koordinierte selbstständige Sätze, in denen die Koordination durch Komma (K) und die echte koordinierende Konjunktion »und« angezeigt wird. (grau)
- Koordinierte selbstständige Sätze, die mit einem anderweitigen Trennungszeichen (TZ), wie Gedankenstrich, Semikolon, Klammer, und dem Koordinator »und« miteinander verbunden sind. (kariert)

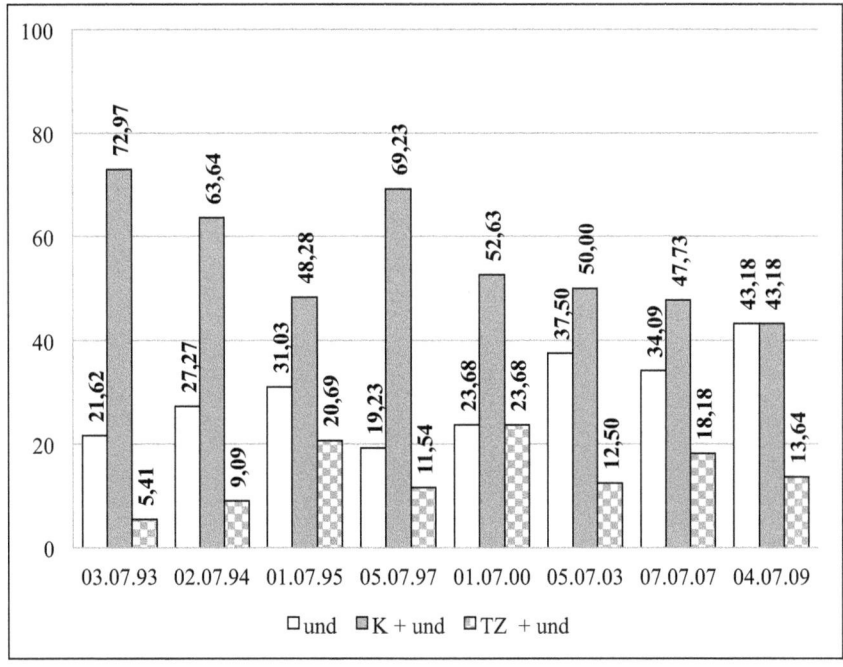

Abb. 1: Kommasetzung bei koordinierten Hauptsätzen, die mit der koordinierenden Konjunktion »und« miteinander verbunden sind (in Prozent) | Nürnberger Nachrichten

Die Untersuchung bezüglich des Kommasetzungsverhaltens kompetenter Sprachbenutzer bei Koordination selbstständiger Sätze hat gezeigt, dass schon im Geltungsbereich der bis 1996 gültigen Rechtschreibnormierung (1991) das kategorische Kommasetzungsgebot bei koordinierten vollständigen Sätzen, die durch eine echte koordinierende Konjunktion miteinander verbunden sind, nicht durchgängig umgesetzt wird (vgl. Abb. 2). Lediglich 75,20 Prozent der Sprachbenutzer[207] verhalten sich normkonform und setzen vor die koordinierende Kon-

---

207 64,00 Prozent der Sprachbenutzer verwenden den Beistrich, 11,20 Prozent verwenden sonstige Trennungszeichen wie Semikolon, Gedankenstrich etc. zur Markierung.

junktion ein Komma (vgl. (99.)) oder ein sonstiges Trennungszeichen (vgl. (100.)) zur zusätzlichen Markierung der Koordination. In 24,80 Prozent der gefundenen Belegsätze konnte ein in Bezug auf die damals gültige Kommasetzungsnormierung normwidriges Kommasetzungsverhalten innerhalb dieser syntaktischen Konstruktion festgestellt werden: Es wurde kein Komma zusätzlich zur koordinierenden Konjunktion innerhalb der koordinativen Verknüpfung eingesetzt (vgl. (101.)). Damit betrachten die Sprachbenutzer das Komma hier als fakultatives Zeichen, wie es aus den Kommabeschränkungen von PRIMUS ableitbar ist.

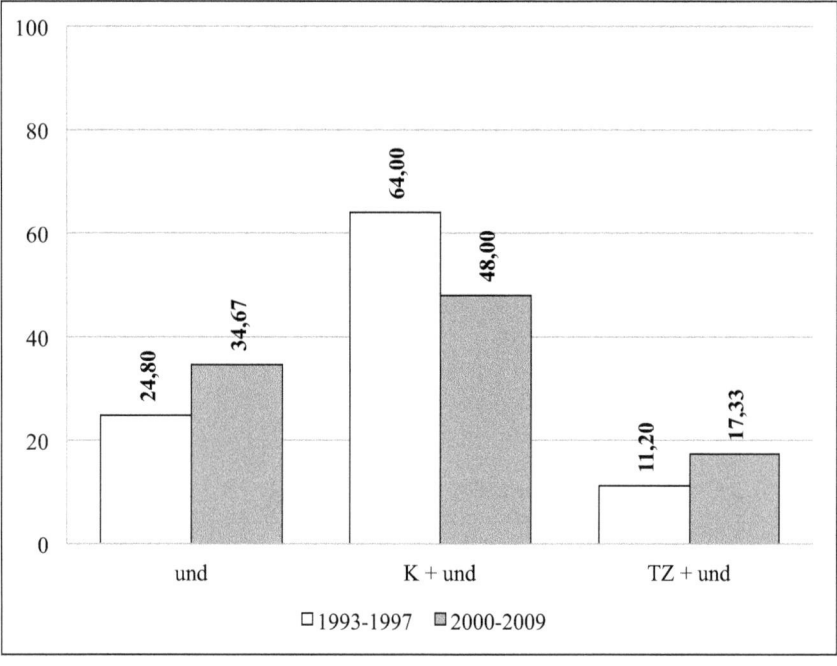

Abb. 2: *Vergleich des Kommasetzungsverhaltens im Geltungsbereich der alten Rechtschreibung (1991) und der neuen Rechtschreibung (1996) bei koordinierten Hauptsätzen, die mit der koordinierenden Konjunktion »und« miteinander verbunden sind (in Prozent) | Nürnberger Nachrichten*

(99.) Das Mädchen wird schwanger, *und* sie hat die Suppe allein auszulöffeln.[208]

---

208 COSMAS II, NUN95/JUL.00047 Nürnberger Nachrichten, 01.07.1995, S. 26; „Der Leihmann" „Zauber eines Sommers" „Der Zaubertroll".

(100.) Schier endlos ziehen sich die Serpentinen bis zum Etappenziel – und hinter der Gruppe lockt brummend der Servicebus mit einem Transportanhänger.[209]

(101.) Ich finde es einfach interessant und es macht mir viel Spaß.[210]

Mit Umsetzung der neuen Regelungen zur deutschen Rechtschreibung durch die untersuchte Tageszeitung am 1. August 1999 und der damit eintretenden fakultativen Kommasetzung im Falle koordinativ verbundener Hauptsätze konnte innerhalb der Untersuchung eine signifikante Veränderung[211] des Kommasetzungsverhaltens der kompetenten Schreiber festgestellt werden. In den gefundenen Belegen ab dem Jahr 2000 sahen noch 65,33 Prozent[212] ein Komma (vgl. (102.)) oder ein sonstiges Trennungszeichen (vgl. (103.)) als notwendiges Markierungsmittel der koordinativen Verknüpfung an. Um annähernd zehn Prozentpunkte auf 34,67 Prozent stieg hingegen die Anzahl der Belegsätze, in denen die echte koordinierende Konjunktion als ausreichende Markierung für die Koordination angesehen wurde (vgl. (104.)).

(102.) Wir haben die Detektoren an den Eingängen verbessert, und die Polizeikontrollen um die Schulen herum wurden verschärft.[213]

(103.) Hacker sind unter uns – und sie haben es noch nie leichter gehabt, an Informationen zu gelangen oder Rechner im Internet lahm zu legen.[214]

(104.) Der Hausherr kümmert sich um sportliche Betreuung bei Rad- und Wandertouren, Schwager Hans geht mit Golffans auf den nahe gelegenen 18-Loch-Golfplatz und Mutter Maria sorgt dafür, dass sich die im Haus urlaubenden Senioren wohl fühlen.[215]

---

209 COSMAS II, NUN95/JUL.00023 Nürnberger Nachrichten, 01.07.1995, S. 53; „Die Götter spenden Rückenwind – Kontrastprogramm auf Kreta: Zu Fuß und per Moutainbike über die griechische Insel".

210 COSMAS II, NUN95/JUL.00016 Nürnberger Nachrichten, 01.07.1995, S. 24; „Tanzakrobatik am Spielfeldrand".

211 Die entsprechende statistische Berechnung der Signifikanz ist dieser Arbeit beigefügt und befindet sich im Anhang.

212 48,00 Prozent der Sprachbenutzer verwenden den Beistrich, 17,33 Prozent verwenden sonstige Trennungszeichen wie Semikolon, Gedankenstrich etc. zur Markierung.

213 COSMAS II, NUN00/JUL.00100 Nürnberger Nachrichten, 01.07.2000, S. 12; „Sicherheit verbessert – Interview mit bayerischem Kultusminister".

214 COSMAS II, NUN00/JUL.00121 Nürnberger Nachrichten, 01.07.2000, S. 4; „Das Internet war noch nie unsicherer als jetzt. Hacker haben es oft recht leicht, an Informationen zu gelangen / Von Egbert M.".

215 COSMAS II, NUN03/JUL.00432 Nürnberger Nachrichten, 05.07.2003; „Schöner baden – Das Hotel »Eggerwirt« im Lungau hat sich auf Wellness und Sport spezialisiert".

Nicht unberücksichtigt bleiben darf der Umstand, dass sich über den Untersuchungszeitraum auch die Häufigkeit der verwendeten sonstigen Trennungszeichen wie Semikolon, Gedankenstrich und Klammerung verändert. Wurde vor dem Stichtag zur Einführung der Rechtschreibreform am 1. August 1999 noch in 11,20 Prozent der gefundenen Belegsätze ein anderes Trennungszeichen als das Komma verwendet, erhöht sich die Anzahl ab dem Jahr 2000 auf 17,33 Prozent.[216]

Die hier durchgeführte Untersuchung und die daraus resultierenden Ergebnisse belegen, dass im Geltungsbereich der 20. Auflage des Rechtschreibdudens (1991) annähernd ein Drittel der gefundenen Belege Normverstöße im Bezug auf die Kommasetzung bei Koordination vollständiger Hauptsätze, die durch eine echte koordinierende Konjunktion angezeigt werden, aufweisen. Diese große Anzahl an Normverstößen zeigt eindeutig, dass hier eine nicht schriftsystemkonforme Norm vorliegt und dass diese mit der Rechtschreibreform (1996) aus der Perspektive des Schriftsystems berechtigterweise aufgehoben wurde, um diese häufige Fehlerquelle zu beheben.

Dementsprechend ist es nicht verwunderlich, dass die Sprachbenutzer mit Einführung der reformierten Rechtschreibung von der gewonnenen Wahlfreiheit Gebrauch machen und immer häufiger bei vorhandener koordinierender Konjunktion auf zusätzliche Kommas zur Anzeige der koordinativen Verknüpfung verzichten. In Texten, die der neuen Normierung (1996) folgen, reduziert sich die Anzahl der Kommasetzung um 16 Prozentpunkte auf 48,00 Prozent. Demgegenüber steigt die Anzahl der Kommaauslassungen um zehn und die Verwendung anderer Trennungszeichen um annähernd sechs Prozentpunkte an.

Es ist weiter zu beobachten, dass sich die in der Untersuchung angedeutete Tendenz der Kommaauslassung fortsetzt und von immer mehr Sprachbenutzern die echte koordinierende Konjunktion als ausreichendes Merkmal zur Kennzeichnung koordinierter Sätze angenommen wird. Demnach wäre auch die Annahme von PRIMUS bestätigt, dass die Freistellung der Kommasetzung lediglich dem Festhalten an einer „sprachlichen Konvention"[217] geschuldet und nicht syntaktisch determiniert ist. Auch die Kritik, dass im Rahmen der Rechtschreibreform bezüglich der Kommasetzung bei der Koordination vollständiger Hauptsätze mit einem echten Koordinator zu „halbherzig [verfahren wurde] und die alte Norm und die daraus entstandene Fehlerquelle am Leben [erhalten

---

216 Bezüglich der Verwendung sonstiger Trennungszeichen ist statistisch kein signifikanter Unterschied im Kommasetzungsverhalten der Sprachbenutzer festzustellen (vgl. statistische Berechnung in Kapitel 8).
217 Primus (1997): S. 482.

wird]"[218], könnte dann nicht nur theoretisch, sondern am konkreten Verhalten der Sprachbenutzer abgelesen werden.

Auch unter der Annahme, dass das Komma in dieser syntaktischen Konstruktion nicht als koordinationsanzeigendes Element, sondern als gliederungs- bzw. strukturanzeigendes Symbol[219] angesehen wird, zeigt die Untersuchung eindeutige Tendenzen. Die häufigere Verwendung von Gedankenstrich und anderen Trennungszeichen lässt vermuten, dass das Komma vom Sprachbenutzer zur verstärkten Kennzeichnung der Gliederung als nicht ausreichend angesehen wird und demnach – wenn eine Hervorhebung gewünscht ist – durch stärkere Gliederungszeichen ersetzt wird.

5.2.2 Infinitivkonstruktionen

Die Untersuchung des Kommasetzungsverhaltens der Sprachbenutzer bei Satzkonstruktionen mit erweitertem Infinitiv wurde für Kontrollverben mit obligatorischer, fakultativer und ausgeschlossener Integration der Infinitivgruppe durchgeführt (vgl. Kapitel 5.1.1). In der sich an die automatische Korpusrecherche anschließenden manuellen Untersuchung der ausgelesenen Belegsätze wurden folgende Konstruktionen nicht berücksichtigt und finden sich nicht in den für die Untersuchung relevanten Belegsätzen wieder:

- Satzkonstruktionen mit einfachem Infinitiv[220]

    (105.) Doch der Fahrer des Kleintransporters gab Gas und versuchte *zu fliehen*.[221]

- Satzkonstruktionen, in denen der Infinitiv mit dem übergeordneten Satz verschränkt oder in diesen eingebettet ist.[222]

    (106.) Michael Meier und Sabrina Olsson hätten die Aufbauarbeit der Partei und der Landesverbände „extrem *zu behindern*" *versucht*, so Pauli.[223]

---

218 Primus (1997): S. 482.
219 Vgl. Duden (2006): K 119/2.
220 Konstruktionen mit einfachen Infinitiven traten innerhalb des Korpus nur in geringer Menge auf, sodass eine adäquate Aussage über das Kommasetzungsverhalten nicht möglich ist.
221 COSMAS II, NUN09/JUL.03449, Nürnberger Nachrichten, 03.07.2009, S. 9; „Diebe verfrachteten Motorräder in ihren Kleinlaster".
222 Innerhalb dieser Konstruktionen liegt immer eine kohärente Verknüpfung der Infinitivgruppe vor und diese überlassen dem Schreibenden keinerlei Wahlfreiheit, sodass sie für die hier durchgeführte Untersuchung nicht relevant sind.

- Satzkonstruktionen, in denen die Infinitivgruppe mit einer Partikel (um, als, anstatt, ohne, statt) eingeleitet wird.[224]

  (107.) Die Junta hat alles versucht, *um* die heimliche Heldin der Birmesen als verkappte Kommunistin und sogar als unqualifizierte Ausländerin *anzuschwärzen* – was besonders absurd ist, da die mit einem Engländer verheiratete Suu Kyi die Tochter des 1947 ermordeten, aber immer noch allgegenwärtigen größten Nationalhelden, General Aung San, ist.[225]

- Satzkonstruktionen, in denen aufgrund von parenthetischen Einschüben keine eindeutige Aussage über das Kommasetzungsverhalten getroffen werden kann.

  (108.) Mit dem Satz »Kalter Kaffee neu aufgewärmt« *versuchte* ihre Chefin, Hessens Schulministerin Karin Wolff (CDU), die um zehn Staaten ergänzte neue Pisa-Auswertung gestern vom Tisch *zu wischen*.[226]

Die für die Untersuchung relevanten Belegsätze werden folgendermaßen kategorisiert:

- Infinitivgruppen (IG), die nicht mit Komma abgetrennt sind (weiß)
- Infinitivgruppen (IG), die mit Komma abgetrennt sind (grau)

Sonstige Trennzeichen, wie Semikolon, Klammern und Gedankenstrich, wurden bei der Auswertung durchgängig nicht berücksichtigt.

---

223 COSMAS II, NUN09/JUL.05234 Nürnberger Nachrichten, 20.07.2009, S. 5; „Kurz berichtet".

224 Mit diesen Partikeln eingeleitete Infinitivgruppen sind immer satzwertig und werden demnach bei der Untersuchung von obligatorisch-kohärent und fakultativ-kohärent angeknüpften Infinitivgruppen nicht berücksichtigt. Ausgenommen ist die Untersuchung der inkohärenten Infinitivkonstruktionen, bei der anhand von Infinitivgruppen, die mit dem Partikel »um« eingeleitet werden, das Kommasetzungsverhalten untersucht wird.

225 COSMAS II, NUN94/JUL.01633 Nürnberger Nachrichten, 21.07.1994, S. 3; „Gestern begann für Friedensnobelpreisträgerin Aung San Suu Kyi das sechste Jahr in der Isolation, und doch kommen die Machthaber nicht an ihr vorbei".

226 COSMAS II, NUN03/JUL.00154 Nürnberger Nachrichten, 02.07.2003; „Neue Daten der Pisa-Studie – Das Zeugnis ist wieder miserabel".

5.2.2.1 Obligatorisch-kohärente Infinitivkonstruktionen

Zur Untersuchung des Kommasetzungsverhaltens bei obligatorisch-kohärenten Infinitivkonstruktionen wurde das Korpus wie in Kapitel 5.1.3 beschrieben nach mit »zu« erweiterten Infinitiven durchsucht, die mit den Kontrollverben »brauchen« und »scheinen« in einem Satz vorkommen.

In der anschließenden manuellen Untersuchung wurden die ausgelesenen Daten dahingehend untersucht, ob das Kontrollwort Matrixverb ist und mit der Infinitivgruppe eine kohärente Verbindung eingeht.

Für das Kontrollverb »scheinen« konnten 528 für die Untersuchung passende Infinitivkonstruktionen gefunden werden, die sich wie folgt über den Untersuchungszeitraum verteilen:

Tabelle 2: »scheinen« mit angeknüpfter Infinitivgruppe | Verteilung der Belege über den Untersuchungszeitraum

JUL 94	JUL 95	JUL 97	JUL 00	JUL 03	JUL 07	JUL 09
50	62	81	63	78	103	91

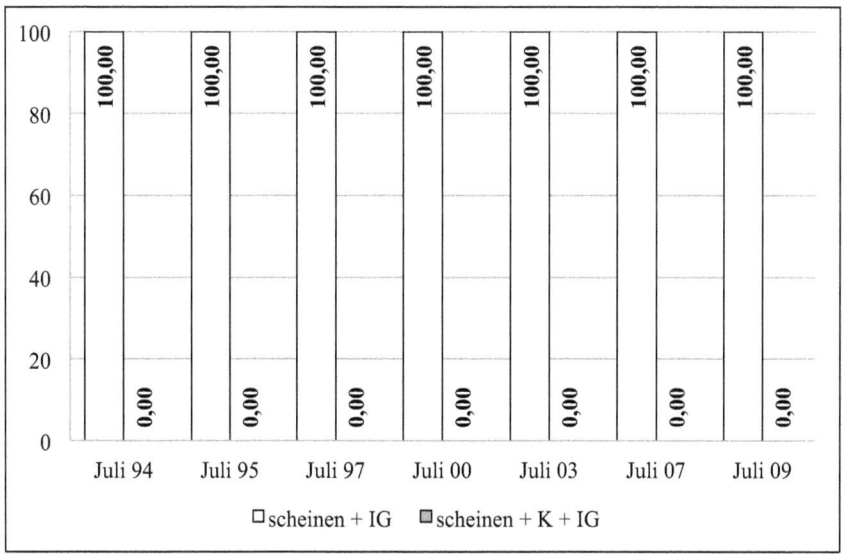

Abb. 3: Kommasetzung bei »scheinen« mit angeknüpfter Infinitivgruppe (in Prozent) | Nürnberger Nachrichten

Korpusrecherche: Anwendung der Kommasetzung

Für das Kontrollverb »brauchen« konnten 118 für die Untersuchung passende Infinitivkonstruktionen gefunden werden, die sich wie folgt über den Untersuchungszeitraum verteilen:

Tabelle 3: »brauchen« *mit angeknüpfter Infinitivgruppe | Verteilung der Belege über den Untersuchungszeitraum*

JUL 94	JUL 95	JUL 97	JUL 00	JUL 03	JUL 07	JUL 09
15	20	26	14	11	17	15

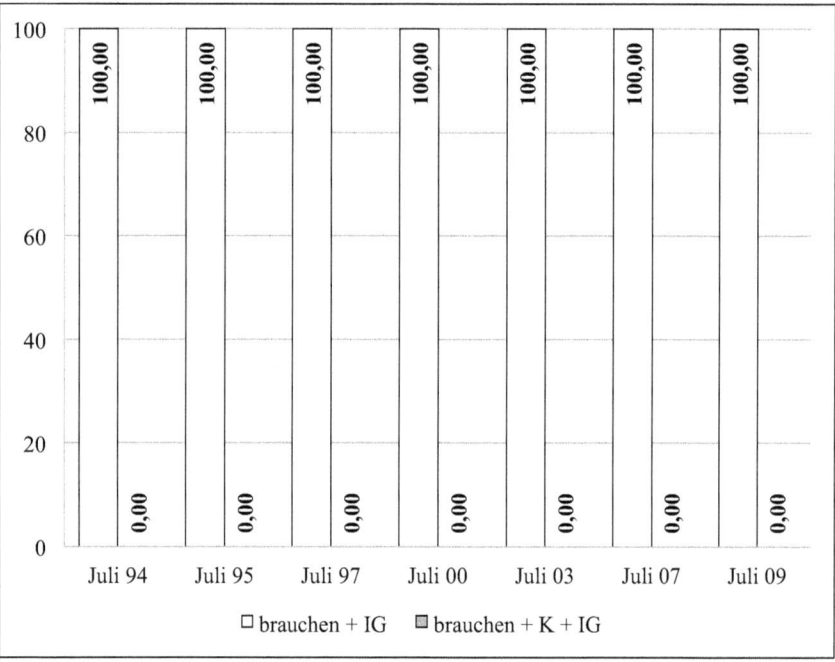

Abb. 4: *Kommasetzung bei* »brauchen« *mit angeknüpfter Infinitivgruppe (in Prozent) | Nürnberger Nachrichten*

Die Untersuchung des Kommasetzungsverhaltens bei den obligatorischkohärenten Verben »scheinen« und »brauchen« anhand eines schriftsprachlichen Korpus zeigt eindeutig, dass in beiden Fällen die Sprachbenutzer in dieser syntaktischen Konstruktion über den gesamten Untersuchungszeitraum die Infinitivgruppe nicht mit dem Beistrich abtrennen (vgl. Abb. 3, Abb. 4 und Beispiele (109.) bis (112.)).

(109.) In der Wirtsstube *scheint* die Zeit stehengeblieben *zu sein*.[227]
(110.) Für Wolfgang Schäuble *scheint* eine Trennung zwischen Krieg und Kriminalitätsbekämpfung nicht mehr *zu bestehen*.[228]
(111.) Die Weingärtner *brauchen* heute mit ihrem Chardonnay, Pinot, Sauvignon oder Muskateller den internationalen Vergleich nicht mehr *zu scheuen*.[229]
(112.) Der Beschuldigte *braucht* in einem Ermittlungsverfahren keine Angaben *zu machen*.[230]

Auch nach der Reformierung der deutschen Rechtschreibung (1996), in deren Zusammenhang die Kommasetzung bei Infinitivkonstruktionen liberalisiert und das Komma zwischen kohärent angeknüpften Infinitiven gestattet wurde (vgl. Kapitel 3.3), wird keine Veränderung des Kommasetzungsverhaltens deutlich: Die Sprachbenutzer berücksichtigen weiterhin das Kohärenzverhalten der Kontrollverben und trennen die Infinitivgruppe zu 100 Prozent nicht mit Komma vom Matrixsatz ab.

Dieses schriftsystemkonforme Verhalten der Sprachbenutzer belegt die Annahme, dass die im Rahmen der Rechtschreibreform (1996) eingeführte vollständige Liberalisierung der Kommasetzung bei obligatorisch-kohärenten Infinitivgruppen nicht im deutschen Schriftsystem verankert ist.[231] Auch von der in der 1996 eingeführten Norm angegebenen Verwendung des Beistrichs aus Gliederungsgründen und zur Vermeidung von Ambiguitäten[232] machen die Sprachbenutzer in keinem der gefundenen Belegsätze Gebrauch.

Bezogen auf diese syntaktische Konstruktion wurde gezeigt, dass mit der Wiedereinführung des Kommaverbots im Rahmen der Reformierung der Rechtschreibreform am 1. August 2006[233] die 1996 eingeführte schriftsystemwidrige

---

227 COSMAS II, NUN95/JUL.01832 Nürnberger Nachrichten, 24.07.1995, S. 8; „Zu Gast im ...: Gasthaus Drei Linden – Dunkles Bier am Schachbrett".
228 COSMAS II, NUN07/JUL.00865 Nürnberger Nachrichten, 09.07.2007, S. 2; „Gefährdete Freiheit – Vorbeugehaft ist kein Mittel im Kampf gegen den Terror".
229 COSMAS II, NUN95/JUL.01120 Nürnberger Nachrichten, 15.07.1995, S. 2; „Auf der Sonnenseite – Eine Reise ins unabhängige Slowenien".
230 COSMAS II, NUN07/JUL.00348 Nürnberger Nachrichten, 04.07.2007, S. 27; „Eine Kronzeugenregelung beim Betrug gibt es nicht; Nürnbergs Generalstaatsanwalt Helgerth zum Verfahren gegen Radprofi Jaksche und zum neuen Anti-Doping-Gesetz".
231 Primus (1997): S. 485.
232 Duden (1996): R 75.
233 Vgl. Duden (2006): K 117.

und dementsprechend von den Sprachbenutzern nicht angenommene Norm aufgehoben wurde und fortan Infinitivgruppen, die obligatorisch eine kohärente Verbindung mit dem Matrixverb eingehen, entsprechend dem Schriftsystem nicht mit Beistrich abgetrennt werden dürfen.

5.2.2.2 Inkohärente Infinitivkonstruktionen

Zur Untersuchung des Kommasetzungsverhaltens bei inkohärenten Infinitivkonstruktionen wurde das Korpus, wie in Kapitel 5.1.3 beschrieben, nach Infinitivgruppen, die mit der Partikel »um« erweitert sind, durchsucht. Zusätzlich zu den in Kapitel 5.2.2 definierten Beschränkungen fanden bei der anschließenden manuellen Untersuchung Belege, in denen die Infinitivgruppe an die erste Position des Satzgefüges trat oder die von einem sonstigen Trennungszeichen (Semikolon, Gedankenstrich, Doppelpunkt, Klammer) vom restlichen Satz abgetrennt wurden, keine Berücksichtigung.

Insgesamt konnten 4.304 passende Belegsätze gefunden werden, die sich wie folgt über den Untersuchungszeitraum verteilen:

Tabelle 4: Mit »um« eingeleitete Infinitivgruppen | Verteilung der Belege über den Untersuchungszeitraum

JUL 94	JUL 95	JUL 97	JUL 00	JUL 03	JUL 07	JUL 09
487	507	546	585	603	798	778

Die Ergebnisse der Korpusrecherche (vgl. Abb. 5) zeigen deutlich, dass die Sprachbenutzer die überwiegende Mehrheit – nämlich durchgängig über 99 Prozent – der Infinitivgruppen, die mit der Partikel »um« eingeleitet werden, mit Komma vom übergeordneten Satz abtrennen (vgl. (113.)).

(113.) Medienvertreter standen vor dem Krankenhaus Schlange, *um* seine Geschichte exklusiv *zu kaufen*.[234]

(114.) Diese Frau macht eigentlich nur Politik, *um* von zu Hause fort *zu kommen*.[235]

---

234 COSMAS II, NUN95/JUL.02314 Nürnberger Nachrichten, 31.07.1995, S. 3; „Bei verletztem Wiener stehen Medienvertreter Schlange – Mit Heldentat ausgesorgt".

235 COSMAS II, NUN03/JUL.02353 Nürnberger Nachrichten, 25.07.2003; „Die Bourgeoisie – wird überleben – Interview mit Claude Chabrol".

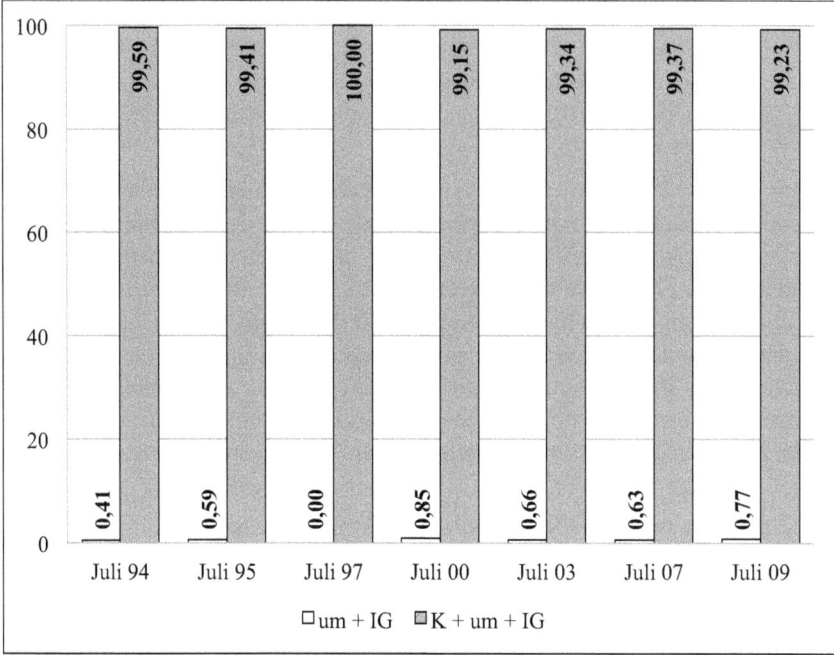

Abb. 5: *Kommasetzung bei Infinitivgruppen, die mit der Partikel »um« eingeleitet werden (in Prozent) | Nürnberger Nachrichten*

Auch in dem Zeitraum (1996 – 2006), in dem die Kommasetzung aufgrund der reformierten Rechtschreibung liberalisiert (vgl. Kapitel 3.3) und Kommasetzung auch im Falle des erweiterten Infinitivs, d. h. auch für die hier untersuchte syntaktische Konstruktion, freigestellt war, machten die Sprachbenutzer von diesem Umstand keinen Gebrauch, sondern behielten ihr gewohntes systemkonformes Kommasetzungsverhalten bei (vgl. (114.)).

Insgesamt konnten in den 4.304 herausgearbeiteten Belegsätzen lediglich 25 Infinitivkonstruktionen gefunden werden, in denen die Infinitivgruppe nicht mit Beistrich vom übergeordneten Matrixverb abgetrennt wurde (vgl. (115.) und (116.)). Dies entspricht 0,58 Prozent, die als Flüchtigkeitsfehler gewertet werden können.

(115.) „Wir müssen hart weiterarbeiten *um* endlich als Meisterbetrieb anerkannt *zu werden*", sagt Fritz Tiefenthaler-Haagn, Vorsitzender des Ausbildungsausschusses.[236]

(116.) Derzeit wird die Fracht abgeladen *um* das Schiff wieder flott *zu machen*.[237]

Damit kann im Falle der Untersuchung des Kommasetzungsverhaltens bei inkohärent angeknüpften Infinitivgruppen gezeigt werden, dass die Sprachbenutzer innerhalb dieser syntaktischen Konstruktion das Komma fast ausnahmslos anwenden. Auch bleiben sie diesem Kommasetzungsverhalten im Geltungsbereich der reformierten Rechtschreibung treu, womit konstatiert werden kann, dass die mit der Rechtschreibreform von 1996 herbeigeführte Liberalisierung der Kommasetzung bei Infinitivkonstruktionen auch im Falle der inkohärent angeknüpften Infinitive nicht vom Schriftsystem abgedeckt war und deswegen keine Auswirkung auf das Kommasetzungsverhalten der Sprachbenutzer hatte.

5.2.2.3 Fakultativ-kohärente Infinitivkonstruktionen

Zur Untersuchung des Kommasetzungsverhaltens bei Matrixverben mit fakultativer Integration des Infinitivs wurde innerhalb des Korpus nach Sätzen gesucht, die eines der Kontrollwörter »versuchen«, »versprechen« oder »glauben« in Verbindung mit einer Infinitivgruppe bestehend aus einem Infinitiv mit »zu« enthalten.

Über die in Kapitel 5.2.2 definierten Beschränkungen hinaus wurden bei der anschließenden manuellen Untersuchung nur Infinitivgruppen berücksichtigt, die als Ergänzungen zum Matrixverb fungieren und keine Kohärenzrestriktionen verletzen[238], wodurch – wie in Kapitel 4 beschrieben – dem Schreibenden eine Wahlfreiheit in Bezug auf die Kommasetzung eingeräumt wird.

In der durchgeführten Korpusrecherche konnten für das Kontrollverb »versuchen« 285 passende Belegsätze herausgearbeitet werden, die sich wie folgt über den Untersuchungszeitraum verteilen:

---

236 COSMAS II, NUN94/JUL.01191 Nürnberger Nachrichten, 15.07.1994, S. 17; „Im unterfränkischen Münnerstadt wurde der erste Lehrfriedhof Deutschlands eingerichtet".
237 COSMAS II, NUN00/JUL.00325 Nürnberger Nachrichten, 04.07.2000, S. 17.
238 Vgl. Primus (1993, 1997), Jacobs (1991) und Bech (1955).

Tabelle 5: »*versuchen« mit angeknüpfter Infinitivgruppe | Verteilung der Belege über den Untersuchungszeitraum*

JUL 94	JUL 95	JUL 97	JUL 00	JUL 03	JUL 07	JUL 09
35	56	27	41	32	42	52

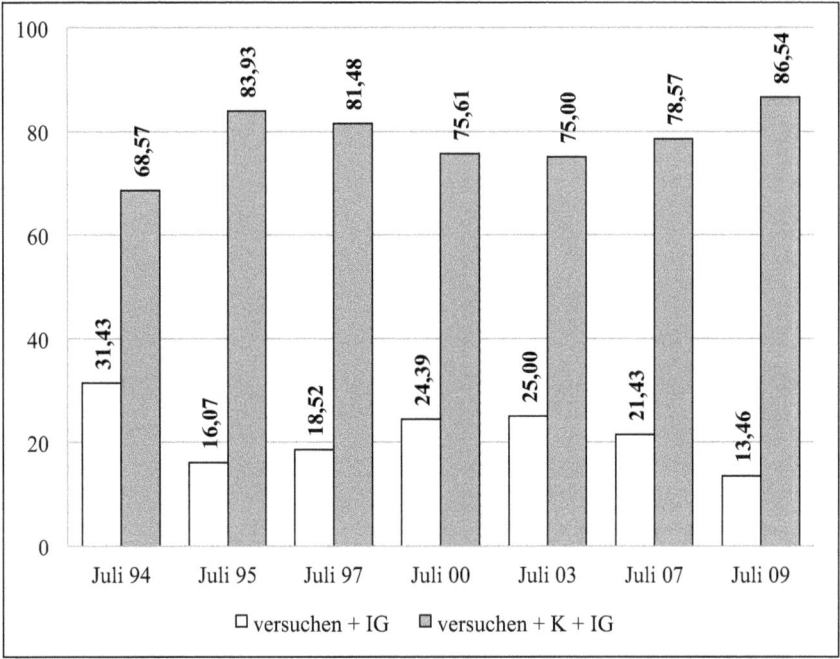

Abb. 6: *Kommasetzung bei »versuchen« mit angeknüpfter Infinitivgruppe (in Prozent) | Nürnberger Nachrichten*

Die Korpusrecherche nach Infinitivgruppen, die eine +/− kohärente Verbindung mit dem Matrixverb »versprechen« oder »glauben« eingehen, war weniger ergiebig und lieferte insgesamt lediglich 62 Belegsätze mit der passenden syntaktischen Konstruktion, die sich folgendermaßen über den Untersuchungszeitraum verteilen.

Tabelle 6: »versprechen« und »glauben« mit angeknüpfter Infinitivgruppe | Verteilung der Belege über den Untersuchungszeitraum

	JUL 94	JUL 95	JUL 97	JUL 00	JUL 03	JUL 07	JUL 09
versprechen	3	2	2	2	6	5	5
glauben	6	7	8	3	3	8	2
Summe	9	2	10	5	9	13	7

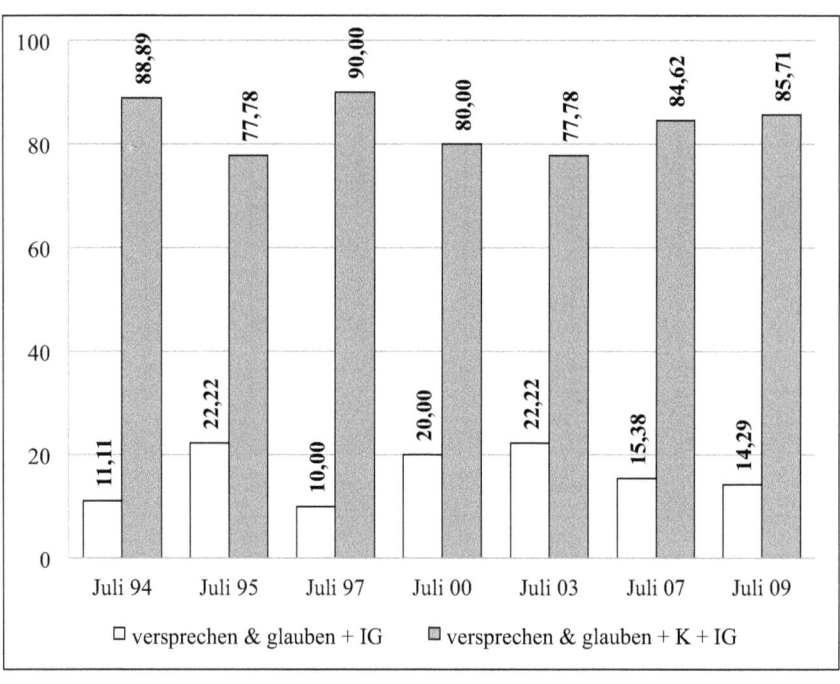

Abb. 7: »versprechen« und »glauben« | Kommasetzung mit angeknüpfter Infinitivgruppe (in Prozent) | Nürnberger Nachrichten

Die dargestellten Ergebnisse der Korpusrecherche belegen, dass bei syntaktischen Konstruktionen, in denen die Infinitivkonstruktion keine Kohärenzrestriktionen verletzt und somit die Kommasetzung freigestellt ist, die Sprachbenutzer mehrheitlich die Infinitivgruppe mit Beistrich vom übergeordneten Matrixverb abtrennen (vgl. (117.), (119.) und (121.)). Lediglich in durchschnittlich einem Fünftel der gefundenen Belegsätze wurde die Infinitivgruppe nicht mit Komma abgetrennt (vgl. (118.), (120.) und (122.)).

(117.) Annette Welcker *versuchte*, den Gästen gnadenlos ihr großes Geheimnis *zu entlocken*.[239]

(118.) Streitschlichter *versuchen* den Mobbern *beizukommen*.[240]

(119.) Und der Kartoffelchips-Hersteller Frito-Lay *versprach* den Konsumenten, in Kürze all jene Fettbestandteile *eliminiert zu haben*, die sich – so glauben es die Mediziner – so gerne in den Arterien absetzen.[241]

(120.) Er ist mehrere Millionen Mal vorbestellt und dürfte die Bestsellerlisten in kürzester Zeit erstürmen: Der siebte und letzte Harry-Potter-Band *verspricht* das größte Ereignis im Buchhandel *zu werden*.[242]

(121.) Die Schulverwaltung *glaubt*, für die Erarbeitung des geforderten Konzepts Zeit bis mindestens bis Juni 1998 *zu benötigen*.[243]

(122.) Sie *glauben* die Überreste des ältesten Europäers entdeckt *zu haben*, dessen Alter sie nach Funden von Steinwerkzeugen und tierischen Fragmenten auf rund 500 000 Jahre schätzen.[244]

Auch in den Untersuchungszeiträumen vor und nach Umsetzung der reformierten Rechtschreibung ist kein nennenswerter Unterschied im Kommasetzungsverhalten der Sprachbenutzer zu erkennen. Fakultativ-kohärente sind augen-

---

239 COSMAS II, NUN03/JUL.01953 Nürnberger Nachrichten, 21.07.2003; „Erstes Theo-Schöller-Symposium »Alter ist keine Krankheit« Tipps, wie man jung bleibt. Interessanter Abend, doch der Moderatorin ging die Luft aus. VON SABINE STOLL".
240 COSMAS II, NUN07/JUL.01773 Nürnberger Nachrichten, 16.07.2007, S. 23; „Psychoterror im Klassenzimmer – Nachwuchsreporter zu Mobbing an Schulen: Jugendliche und Lehrer als Opfer".
241 COSMAS II, NUN03/JUL.00413 Nürnberger Nachrichten, 04.07.2003; „Amerikanische Nahrungsmittelunternehmen haben Angst vor einer Klagewelle korpulenter Konsumenten".
242 COSMAS II, NUN07/JUL.01976 Nürnberger Nachrichten, 18.07.2007, S. 8; „Potter zum Schleuderpreis – Kampf der Buchketten schon vor Verkauf des letzten Bandes".
243 COSMAS II, NUN97/JUL.00859 Nürnberger Nachrichten, 10.07.1997, S. 14; „CSU-Fraktion überraschte den Ressortchef mit einem Antrag zur Gesamtschule Langwasser".
244 COSMAS II, NUN94/JUL.01168 Nürnberger Nachrichten, 15.07.1994, S. 8; „Entdeckte Zähne und Kiefer sind eine halbe Million Jahre alt".

scheinlich anfälliger für Faktoren, die Kohärenz stören und konstruieren bevorzugt inkohärent mit extraponiertem Infinitiv.[245]

Sowohl PRIMUS als auch DUDEN geben innerhalb dieser syntaktischen Konstruktion Kommasetzung frei und überlassen diese dem Schreibenden. PRIMUS jedoch erfasst in ihrem Beschreibungsansatz die diesem Verhalten zugrunde liegende Regularität, nämlich das Kohärenzverhalten von Infinitiven.

5.2.3 Herausstellungen

Wie bereits in Kapitel 4 beschrieben, soll im Folgenden das Kommasetzungsverhalten innerhalb syntaktischer Konstruktionen, die nicht im Rahmen der Rechtschreibreform von 1996 überarbeitet wurden, empirisch untersucht werden: nachgestellte Erläuterungen und parenthetische Einschübe. Das Besondere hier ist, dass sich DUDEN und PRIMUS nicht in Bezug auf die Kommasetzung selbst, sondern in der Beschreibung zur Motivation der Kommasetzung unterscheiden. PRIMUS macht auf syntaktischer Ebene intervenierende Satzgrenzen für die Indikation der Kommasetzung verantwortlich, der DUDEN hingegen schreibt dem Beistrich überwiegend intonatorische und diskurssemantische Funktionen zu.

Zur Untersuchung des Kommasetzungsverhaltens der Sprachbenutzer bei nachgestellten Erläuterungen wurde das Korpus anhand der Kontrollwörter »und zwar« und »nämlich« durchgeführt, die eine nachgestellte genauere Bestimmung des übergeordneten Matrixsatzes einleiteten. Parenthetische Einschübe bzw. „formelhaft gebrauchte verkürzte Nebensätze"[246] wurden durch Verwendung der Wortgruppen »wie immer« und »wenn möglich« innerhalb der an den Korpus gestellten Suchanfrage (vgl. Kapitel 5.1.3) herausgefiltert.

Die Ergebnisse der Korpusrecherche werden im weiteren Verlauf wie folgt kategorisiert:

- Nicht mit Komma abgetrennte Herausstellungen. (weiß)
- Mit Komma (K) abgetrennte Herausstellungen. (grau)
- Mit anderen Trennungszeichen (TZ) abgetrennte Herausstellungen. (kariert)

Innerhalb des Korpus konnten 187 Belege gefunden werden, in denen nachgestellte Erläuterungen mit dem Kontrollwort »nämlich« eingeleitet wurden. Berücksichtigt wurden bei der Recherche lediglich Belege, in denen »nämlich« keine in den Satz eingeschobenen Parenthesen, sondern den gesamten Hauptsatz

---

245 Vgl. Grosse (2005): S. 185.
246 Vgl. Duden (2006): K 125.

Korpusrecherche: Anwendung der Kommasetzung   81

als parenthetische Erläuterung markiert (vgl. (123.) und (124.)). Die Vorkommen verteilen sich wie folgt über den Untersuchungszeitraum:

Tabelle 7:   Nachträge, die mit »nämlich« eingeleitet werden | Verteilung der Belege über den Untersuchungszeitraum

JUL 94	JUL 95	JUL 97	JUL 00	JUL 03	JUL 07	JUL 09
26	21	30	21	35	29	25

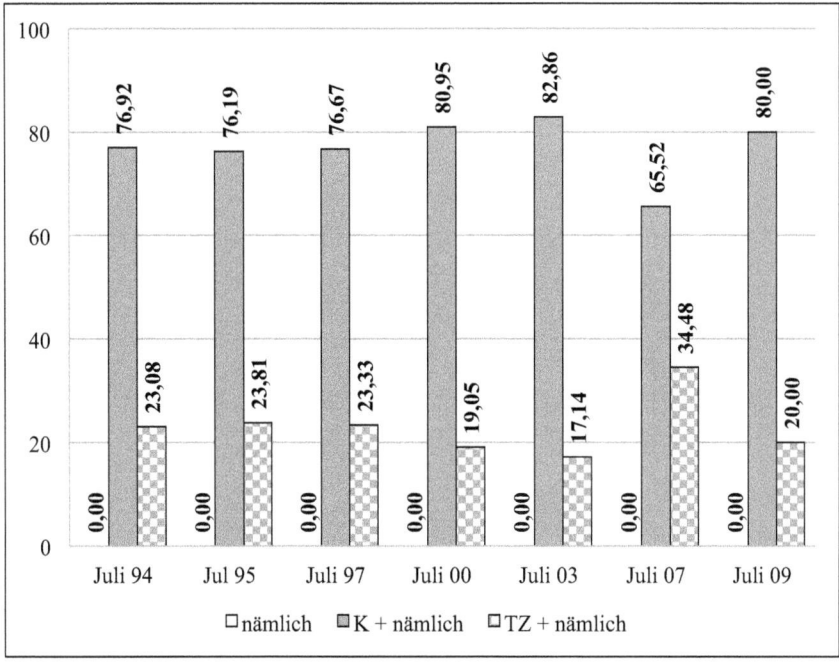

Abb. 8:   Kommasetzung bei Nachträgen, die mit »nämlich« eingeleitet werden (in Prozent) | Nürnberger Nachrichten

Die Korpusrecherche nach Parenthesen, die mit der Wortgruppe »und zwar« eingeleitet werden, lieferte 207 Belegsätze, die sich folgendermaßen über den Untersuchungszeitraum verteilen:

82 Korpusrecherche: Anwendung der Kommasetzung

Tabelle 8: Nachträge, die mit »und zwar« eingeleitet werden | Verteilung der Belege über den Untersuchungszeitraum

JUL 94	JUL 95	JUL 97	JUL 00	JUL 03	JUL 07	JUL 09
17	16	31	29	24	36	54

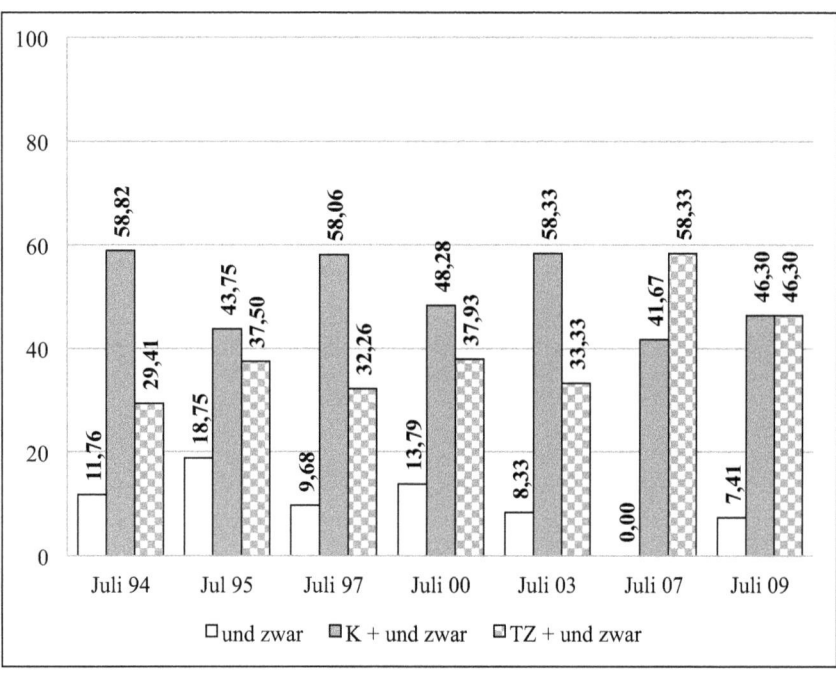

Abb. 9: Kommasetzung bei Nachträgen, die mit »und zwar« eingeleitet werden (in Prozent) | Nürnberger Nachrichten

Die durchgeführte Untersuchung zum Kommasetzungsverhalten bei nachgestellten Parenthesen, die mit »nämlich« oder »und zwar« eingeleitet werden, zeigte, dass die Sprachbenutzer innerhalb dieser syntaktischen Konstruktionen überwiegend den Beistrich (vgl. (123.) und (126.)) oder ein anderes Trennungszeichen – hier vornehmlich den Gedankenstrich (vgl. (124.) und (127.)) – zur Kennzeichnung der Parenthese anwenden (vgl. Tabelle 9).

(123.) Es gibt nur einen namhaften Politiker, der dies erkannt hat und die Wahrheit öffentlich bekennt, *nämlich* Ministerpräsident Gerhard Schröder.[247]

(124.) Je nach Jahreszeit zeigt sie zwischen acht und 16 Tagesstunden an – *nämlich* die Zeit von Sonnenaufgang bis -untergang.[248]

(125.) Seit Jahren präsentiert Axel Linstädt bei den „Liedern im Zelt" des Bayerischen Rundfunks Highlights der Italo-Pop-Szene *und zwar* live ohne Playback-Mogeleien.[249]

(126.) Ich möchte Lehrerin werden, *und zwar* für das Gymnasium.[250]

(127.) Sie weisen darauf hin, dass der Ministerin grundsätzlich „ein personengebundener Dienstwagen" zur Verfügung stehe — *und zwar* sowohl für dienstliche als auch für (extra abzurechnende) private Fahrten.[251]

Tabelle 9: Anwendung der Kommasetzung bei nachgestellten Parenthesen (in Prozent) – kumuliert über den gesamten Untersuchungszeitraum

	ohne Komma	mit Komma	mit sonst. TZ
und zwar	8,70 %	49,76 %	41,55 %
nämlich	0,00 %	77,01 %	22,99 %

Auffällig ist die Gruppe der Parenthesen, die mit »nämlich« eingeleitet werden: Innerhalb der in der Untersuchung gefundenen Belege wurden bei dieser

---

247 COSMAS II, NUN97/JUL.00229 Nürnberger Nachrichten, 03.07.1997, S. 19; „Betrifft: Streit um den Euroleserbriefe/euro".

248 COSMAS II, NUN00/JUL.00792 Nürnberger Nachrichten, 08.07.2000, S. 14; „Stadtverführung beschäftigt sich mit den himmlischen Zeitmessern: Allein im Zentrum gibt es noch 16 Stück davon".

249 COSMAS II, NUN95/JUL.01815 Nürnberger Nachrichten, 24.07.1995, S. 21; „Vor und zurück, Zweifler aus Verzweiflung – Hirsch-Open-air in Nürnberg mit Rock und Hiphop aus drei Ländern Rock 'n' Roll vom Streichquartett: Edoardo Bennato als Stargast beim Nürnberger Festival ‚Viva Italia' ".

250 COSMAS II, NUN09/JUL.06185 Nürnberger Nachrichten, 28.07.2009, S. 6; „So ändert sich die Sichtweise! START ins Studium. Eine Abiturientin schildert ihre Eindrücke von einem Lehramtspraktikum".

251 COSMAS II, NUN09/JUL.06025 Nürnberger Nachrichten, 27.07.2009, S. 2; „Im Dienst an der Costa Blanca? Ulla Schmidt bekommt Ärger wegen ihrer im Urlaub gestohlenen Limousine."

syntaktischen Konstruktion alle Sätze mit Beistrich oder einem sonstigen Trennungszeichen abgetrennt. Kommaauslassung konnte nicht festgestellt werden (vgl. Tabelle 9). Bei der Korpusrecherche nach nachgestellten Parenthesen, die mit »und zwar« eingeleitet werden, konnten hingegen Belegsätze herausgearbeitet werden, die keinen Beistrich zur Kennzeichnung der nachgestellten genaueren Bestimmung enthielten (vgl. 0). Kumuliert war dies jedoch über den gesamten Untersuchungszeitraum nur in 8,7 Prozent der gefundenen Belegsätze der Fall. Darüber hinaus lieferte diese Gruppe als weitere Auffälligkeit die vermehrte Verwendung sonstiger Trennungszeichen im Gegensatz zu der Gruppe mit »nämlich«. Insgesamt wurde in 41,55 Prozent der Belegsätze ein sonstiges Trennungszeichen als Kommaersatz verwendet (vgl. (127.)). Diese Gruppe lieferte wiederum eine weitere Besonderheit, nämlich die fast ausschließliche Verwendung des Gedankenstrichs zur Kennzeichnung der nachgestellten Erläuterung. In 84 der gefundenen 86 Belegsätze mit sonstigem Trennungszeichen wurde der Gedankenstrich verwendet – dies entspricht 98 Prozent.

Zusammenfassend kann festgestellt werden, dass nachgestellte Erläuterungen vom Sprachbenutzer überwiegend mit einem Trennungszeichen vom übergeordneten Satz abgetrennt werden. Auffallend ist, dass neben dem Komma in einer großen Anzahl der Belegsätze andere Trennungszeichen – vor allem der Gedankenstrich – zur Kennzeichnung der nachgestellten Ergänzung verwendet werden.

Zur Untersuchung des Kommasetzungsverhaltens der Sprachbenutzer bei parenthetischen Einschüben wurde das Korpus anhand der Kontrollwörter »wie immer« und »wenn möglich« durchgeführt. Diese werden laut Rechtschreibduden als eingeschobene verkürzte Nebensätze angesehen, die formelhaft geworden sind, dadurch ihre syntaktische Satzwertigkeit verloren haben und demnach nicht mit Beistrich vom Matrixsatz abgetrennt werden müssen/dürfen.[252]

Die Korpusrecherche nach Sätzen mit der Wortgruppe »wie immer« lieferte 415 Belege, die sich folgendermaßen über den Untersuchungszeitraum verteilen:

Tabelle 10: Herausstellung von »wie immer« | Verteilung der Belege über den Untersuchungszeitraum

JUL 94	JUL 95	JUL 97	JUL 00	JUL 03	JUL 07	JUL 09
38	36	38	52	61	105	85

---

252 Vgl. Duden (1991): R 114, Duden (1996): R 81, Duden (2004): K 125 und Duden (2006): K 125.

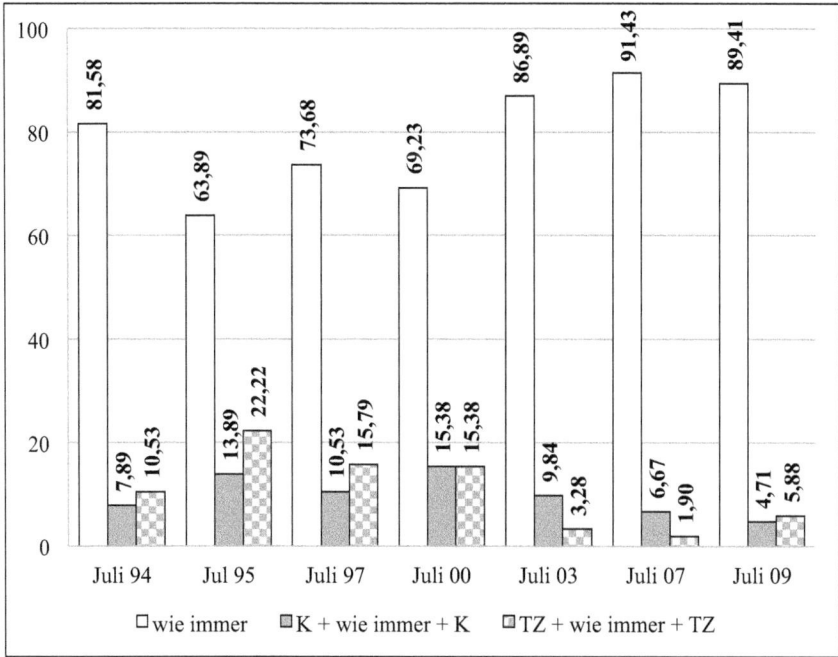

Abb. 10: *Kommasetzung bei Herausstellung von »wie immer« (in Prozent) | Nürnberger Nachrichten*

Die zweite Korpusuntersuchung für diese syntaktische Konstruktion, die sich auf die Wortgruppe »wenn möglich« bezog, lieferte 71 passende Sätze, die sich wie folgt über den Untersuchungszeitraum verteilen:

Tabelle 11: *Herausstellung von »wenn möglich« | Verteilung der Belege über den Untersuchungszeitraum*

JUL 94	JUL 95	JUL 97	JUL 00	JUL 03	JUL 07	JUL 09
7	7	10	7	13	14	13

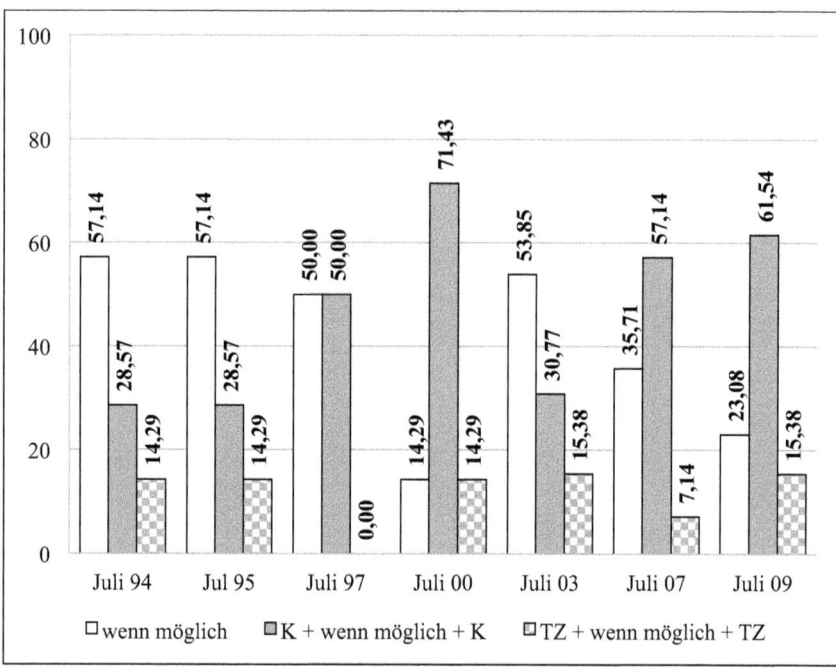

Abb. 11: Kommasetzung bei Herausstellung von »wenn möglich« (in Prozent) | Nürnberger Nachrichten

Die für die parenthetischen Einschübe durchgeführte Untersuchung liefert für die Konstruktionen mit »wenn möglich« und mit »wie immer« unterschiedliche Ergebnisse.

Tabelle 12: Anwendung der Kommasetzung bei parenthetischen Einschüben (in Prozent) – kumuliert über den gesamten Untersuchungszeitraum

	ohne Komma	mit Komma	mit sonst. TZ
wie immer	82,65 %	8,92 %	8,43 %
wenn möglich	40,85 %	47,89 %	11,27 %

Der parenthetische Einschub »wenn möglich« wird über den Untersuchungszeitraum kumuliert in 59,15 Prozent der Fälle mit einem Trennungszeichen herausgestellt (vgl. (128.)), in 40,85 Prozent der gefundenen Belege wird der ‚formelhaft gebrauchte Nebensatz' nicht abgetrennt (vgl. (129.)).

(128.) Er muss sein eigenes Tempo halten, *wenn möglich*, sogar steigern.[253]

(129.) Auch beim Empfang im Rathaus hielt sich Jan Kristiansen *wenn möglich* lieber im Hintergrund auf, irgendwo versteckt hinter den Kollegen.[254]

Die Untersuchung für die parenthetisch eingeschobene Wortgruppe »wie immer« zeigte, dass diese über den Untersuchungszeitraum in 82,65 Prozent der Fälle nicht durch die Verwendung eines Trennungszeichens herausgestellt wird (vgl. (131.)), lediglich in 17,35 Prozent der Fälle werden Komma oder andere Interpunktionszeichen zur Kennzeichnung einer Herausstellung eingesetzt (vgl. (130.)).

(130.) Das letzte Wort dazu haben, *wie immer*, die Stadträte.[255]

(131.) Der Besuch der Matinee war *wie immer* gratis.[256]

Diese Ergebnisse zeigen, dass epistemische Einstellungsbekundungen, wie sie unter Verwendung des Adverbs »möglich« ausgedrückt werden, eher Herausstellung induzieren als die temporalen Einschübe »wie immer«. Darüber hinaus kann ein Grund für die vermehrte Kommasetzung bei »wenn möglich« sein, dass »wenn« ein eindeutiger Satzeinleiter ist, während »wie« auch nicht satzwertige Ausdrücke einleitet (*Igor ist so groß wie Torsten | Klaus ist so alt wie Claudia*).

Die Kommasetzung bewegt sich dabei jedoch stets in vom Schriftsystem und von den Normen abgedeckten Regularitäten, sodass durchgängig ein norm- und schriftsystemkonformes Kommasetzungsverhalten vorliegt.

---

253 COSMAS II, NUN03/OKT.00571 Nürnberger Nachrichten, 08.10.2003; „Selbstbewusste CSU – Stoiber warnt seine Partei vor Übermut".
254 COSMAS II, NUN07/MAI.03135 Nürnberger Nachrichten, 29.05.2007, S. 18; „Jan Kristiansens Traumtor für die Ewigkeit – Mit seinem ersten und vielleicht letzten Treffer im Nürnberger Trikot schreibt der junge Däne Geschichte".
255 COSMAS II, NUN03/APR.01477 Nürnberger Nachrichten, 17.04.2003; „Treffen der Lenkungsgruppen aus vier Stadtverwaltungen – Erste Runde im Sparkurs".
256 COSMAS II, NUN03/DEZ.01516 Nürnberger Nachrichten, 15.12.2003.

5.3 Zusammenfassung

Diese Korpusuntersuchung hat Aufschluss über das Kommasetzungsverhalten kompetenter Sprachbenutzer, die alle Stadien der reformierten Rechtschreibung (1996) umgesetzt haben, gegeben und lässt eine Aussage darüber zu, ob sie Kommasetzung schriftsystemkonform oder normkonform konstruieren.

Für Konstruktionen mit koordinierten vollständigen selbstständigen Sätzen zeigte sich, dass über den gesamten Untersuchungszeitraum[257] in circa einem Drittel der Belege auf die Setzung des Kommas zusätzlich zur echten koordinierenden Konjunktion verzichtet wurde. In diesen Fällen wurde die echte koordinierende Konjunktion als ausreichende Markierung der koordinativen Verknüpfung angesehen. Die Tatsache, dass sich im Geltungsbereich der ‚alten Rechtschreibregelungen' (1991) 24,80 Prozent der Sprachbenutzer normwidrig verhielten und auf den Beistrich verzichteten, belegt, dass mit der Rechtschreibreform (1996) das Kommagebot und die damit verbundene häufige Fehlerquelle aufgehoben wurden und die Norm auf Grundlage der schriftsystemimmanenten Regularität angepasst wurde.

Die Untersuchung zur Kommasetzung bei Infinitivkonstruktionen zeigte, dass Sprachbenutzer durchgängig Kommasetzung entsprechend des Integrations- und Kohärenzverhaltens von Infinitiven anwenden. Obligatorisch-kohärente Infinitivgruppen werden nicht, inkohärente Infinitivgruppen werden nahezu immer[258] mit Beistrich vom übergeordneten Matrixverb abgetrennt. Bei Infinitivkonstruktionen, in denen die Infinitivgruppe als Ergänzung zum Matrixverb fungiert und keine Kohärenzrestriktionen verletzt, machen die Sprachbenutzer von der im Schriftsystem und in der Norm abgedeckten Wahlfreiheit Gebrauch, konstruieren jedoch überwiegend inkohärent. Die 1996 eingeführten schriftsystemwidrigen Normen zur Kommasetzung bei Infinitiven hatten keinerlei Auswirkungen auf das Kommasetzungsverhalten der Sprachbenutzer – sie konstruierten weiterhin implizit (unbewusst) schriftsystemkonform.

Das Kommasetzungsverhalten bezüglich der nicht im Rahmen der Rechtschreibreform (1996) modifizierten Herausstellungskonstruktionen zeigte, dass nachgestellte Erläuterungen mehrheitlich mit Beistrich oder einem anderen Trennungszeichen vom übergeordneten Satz abgetrennt werden. Nachgestellte Erläuterungen, die mit »nämlich« eingeleitet werden, zeigen hundertprozentige

---

257 Der Untersuchungszeitraum umfasste hier die jeweils erste Samstagsausgabe des Monats Juli in den Jahrgängen 1993, 1994, 1995, 1997, 2000, 2003, 2007 und 2009 der Tageszeitung *Nürnberger Nachrichten*.
258 Die Korpusrecherche zeigte in durchschnittlich 99 Prozent der Belege die Abtrennung der inkohärenten Infinitivgruppe mit Beistrich. Die wenigen Belege, in denen kein Komma gesetzt wurde, können als Flüchtigkeitsfehler gewertet werden (vgl. 0).

Abtrennung, mit »und zwar« eingeleitete Parenthesen werden hingegen in geringem Maße (8,70 Prozent) auch ohne Komma konstruiert. Die Untersuchung zur Kommasetzung bei parenthetischen Einschüben ergab, dass epistemische Einstellungsbekundungen mit Satzeinleiter, wie sie durch »wenn möglich« ausgedrückt werden, eher Herausstellung induzieren als die temporalen Einschübe »wie immer«. Darüber hinaus ist »wenn« ein eindeutiger Satzeinleiter, während »wie« auch nicht satzwertige Ausdrücke einleitet, was zu einer häufigeren Kommasetzung durch die Sprachbenutzer führen kann. Grundsätzlich bewegt sich die Kommasetzung bei nachgestellten Erläuterungen und bei parenthetischen Einschüben stets in vom Schriftsystem und von den Normen abgedeckten Regularitäten, sodass stets ein norm- und schriftsystemkonformes Kommasetzungsverhalten vorliegt.

6 Korpusrecherche: Außerhalb der neuen Normen (1996)

Im Rahmen einer zweiten Korpusrecherche soll untersucht werden, ob sich das Kommasetzungsverhalten von kompetenten Schreibern, die sich nicht im Geltungsbereich der reformierten Rechtschreibung befanden, bei koordinierten Hauptsätzen und Infinitivkonstruktionen abweichend gestaltet. Der direkte Vergleich der aus der zweiten Korpusrecherche gewonnenen Ergebnisse mit denen aus Kapitel 5 bietet anschließend die Möglichkeit, eine Aussage über den Einfluss der veränderten Normierung auf das individuelle Kommasetzungsverhalten zu treffen.

Grundlage der Untersuchung sind die in der Volltextdatenbank COSMAS II verfügbaren digitalisierten Ausgaben der *Frankfurter Allgemeine Zeitung*.[259] Die Verantwortlichen dieser bundesweit erscheinenden Tageszeitung waren Kritiker der 1996 beschlossenen Rechtschreibreform und setzten diese – bis auf einen kurzen Zeitraum[260] – bis in das Jahr 2006 nicht um. Ab 2006 wendete die *Frankfurter Allgemeine Zeitung* eine eigene Hausorthografie an, die im weitesten Sinne der reformierten Rechtschreibung (2006) entsprach.

Die zweite Korpusrecherche orientiert sich sinnvollerweise an der bereits durchgeführten Untersuchung der *Nürnberger Nachrichten* und stellt die gleichen qualitativen und quantitativen Anforderungen an die Zusammenstellung

---

259 Das Korpus der Frankfurter Allgemeine Zeitung innerhalb der Volltextdatenbank COSMAS II umfasst 139.990.147 Wortformen. Von 1993 bis 2005 liegen alle ungeraden Jahrgänge und Monate in digitalisierter Form vor. Auch Osterwinter (2011) untersuchte anhand einer Korpusrecherche die Normkonformität des Kommasetzungsverhaltens von Autoren der Frankfurter Allgemeine Zeitung in Bezug auf die reformierte Rechtschreibung (1996). Der dieser Untersuchung zugrunde gelegte Untersuchungszeitraum, er umfasst lediglich zwischen dem 1. August 1999 und dem 31. Juli 2000 erschienene Ausgaben, lassen die Ergebnisse keine qualitativen Aussagen über die Entwicklung des Kommasetzungsverhaltens der Sprachbenutzer im Rahmen des gesamten Reformprozesses zu, was mit meiner Korpusrecherche möglich sein wird.

260 Die Frankfurter Allgemeine Zeitung führte am 1. August 1999 gemeinsam mit fast allen deutschen Tageszeitungen und der Deutschen Presseagentur die 1996 beschlossene reformierte Rechtschreibung ein. Ein Jahr später wurde dieser Beschuss revidiert und ab der Ausgabe vom 1. August 2000 erschien die Frankfurter Allgemeine Zeitung wieder in der Schreibung, die der Rechtschreibreform vorausging.

des Korpus. Dieses setzt sich aus den vollständigen Jahrgängen 1993, 1995[261] und den Juli-Ausgaben der Jahre 1997, 1999, 2001, 2003, 2005 zusammen. Zur besseren Vergleichbarkeit der Ergebnisse erfolgt die Suchanfrage an das Korpus mit Kontrollwörtern, die im Rahmen der ersten Recherche die häufigsten Belegsätze lieferten: Für die Suche nach Belegen mit *koordinierten selbstständigen Sätzen*, die mit einer echten koordinierenden Konjunktion verbunden sind, wird das Kontrollwort »und« verwendet. Obligatorisch-kohärente, inkohärente und fakultativ-kohärente *Infinitivkonstruktionen* werden mit den Kontrollwörtern » scheinen«, »um zu« und »versuchen« aus der Datenbank ausgelesen (vgl. Kapitel 5.1.1). Auch diese Suchanfrage an COSMAS II erfolgt mit der in Kapitel 5.1.3 festgelegten Befehlssyntax.

6.1 Ergebnisse

Die Suchanfrage an das Korpus lieferte ausreichend Belege, um eine qualitative Aussage über das Kommasetzungsverhalten kompetenter Schreiber, die sich nicht im Geltungsbereich der reformierten Rechtschreibung befanden, treffen zu können. Aufgrund der Vielzahl an ausgegebenen Belegsätzen wurde die manuelle Untersuchung pro Kontrollwort auf 500 Belegsätze je Jahrgang beschränkt.[262] Im Folgenden werden die Ergebnisse der Suchanfragen an das Korpus grafisch dargestellt und ausgewertet.

6.1.1 Koordination

Die Suchanfrage und anschließende manuelle Untersuchung der automatisch ausgegebenen Daten lieferte insgesamt 255 Belegsätze, in denen vollständige Hauptsätze koordinativ miteinander verbunden sind und die echte koordinierende Konjunktion »und« die Koordination anzeigt. Die Belege verteilen sich folgendermaßen auf die einzelnen untersuchten Zeitpunkte:

---

261 Innerhalb der COSMAS-II-Datenbank sind für Jahrgänge 1993 und 1995 aus technischen Gründen die einzelnen Monate nicht abgrenzbar. Eine Selektion der jeweiligen Juli-Ausgaben dieser Jahrgänge ist demnach nicht möglich.

262 Für die in der Suchanfrage verwendeten Kontrollwörter wurden pro Jahrgang bis zu 90.000 Belegsätze ausgegeben. Aus dieser Gruppe wurden mittels Zufallsgenerator 500 Belegsätze herausgegriffen, die anschließend als Datenbasis für die manuelle Untersuchung dienten.

Korpusrecherche: Außerhalb der neuen Normen (1996) 93

Tabelle 13: Koordinierte Hauptsätze, die mit der koordinierenden Konjunktion »und« miteinander verbunden sind | Verteilung der Belege über den Untersuchungszeitraum

1993	1995	JUL 97	JUL 99	JUL 01	JUL 03	JUL 05
41	31	36	36	47	30	34

Die gefundenen Belege wurden nach folgenden Merkmalen kategorisiert und zur grafischen Darstellung aufgearbeitet (vgl. Abb. 12):

- Selbstständige Sätze, die ausschließlich mit dem Koordinator »und« miteinander verbunden sind. (weiß)
- Selbstständige Sätze, die mit Komma (K) und dem Koordinator »und« miteinander verbunden sind. (grau)
- Selbstständige Sätze, die mit einem anderweitigen Trennungszeichen (TZ), wie Gedankenstrich, Semikolon, Klammer, und dem Koordinator »und« miteinander verbunden sind. (kariert)

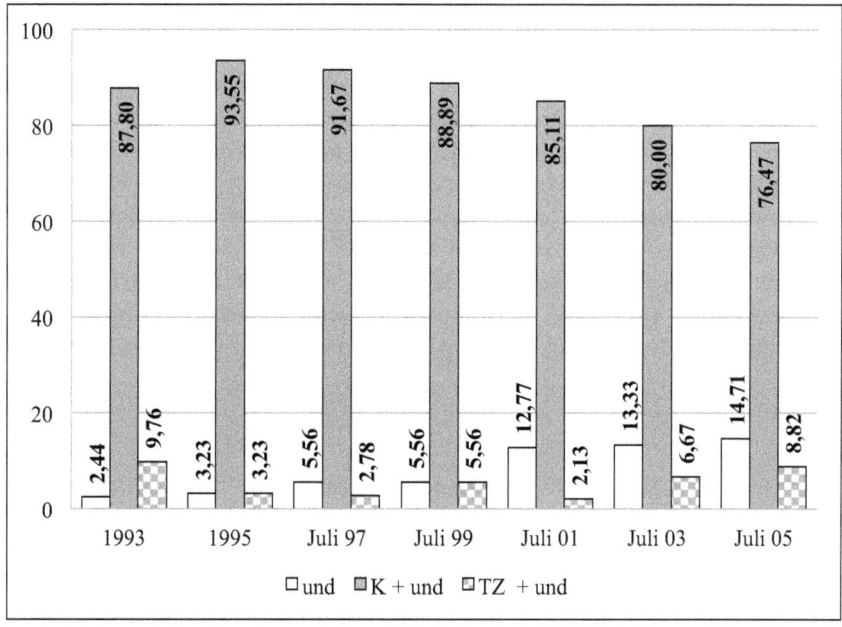

Abb. 12: Kommasetzung bei koordinierten Hauptsätzen, die mit der koordinierenden Konjunktion »und« miteinander verbunden sind (in Prozent) | Frankfurter Allgemeine Zeitung

Die Untersuchung zeigt, dass im Falle der *Frankfurter Allgemeine Zeitung* ein wesentlich höheres normkonformes Kommasetzungsverhalten der kompetenten Schreiber vorliegt (vgl. Abb. 12). In den 255 gefundenen Belegsätzen wurde durchschnittlich in 91,76 Prozent der Fälle bei koordinativ verbundenen Hauptsätzen zusätzlich zur echten koordinierenden Konjunktion das Komma gesetzt (vgl. (132.)) oder ein anderes Trennungszeichen verwendet (vgl. (134.)). Lediglich in kumuliert 8,24 Prozent der Fälle wurde die echte koordinierende Konjunktion »und« als ausreichend zur Anzeige der Koordination angesehen (vgl. (133.)).

(132.) Im Nordosten erlitten drei amerikanische Soldaten durch einen Sprengstoffanschlag nahe der Grenze zu Pakistan Verletzungen, *und* bei Kandahar wurde ein amerikanischer Stützpunkt mit Raketen beschossen.[263]

(133.) Der Konjunkturmotor läuft, die Arbeitslosigkeit pendelt bei nur 5 Prozent *und* die Verbraucher strahlen vor Zuversicht.[264]

(134.) Die Opposition fand das empörend – *und* die Vorsitzende der SPD-Fraktion kündigte ein Rechtsgutachten zum Thema an.[265]

Aufgrund der Sonderrolle der *Frankfurter Allgemeine Zeitung* im Rahmen der Umsetzung der Rechtschreibreform[266] ist eine vergleichende Betrachtung des Kommasetzungsverhaltens vor dem 1. August 1999 und nach dem 1. August 2000 sinnvoll (vgl. Abb. 13). Es ist deutlich zu erkennen, dass sich trotz der verordneten Rückkehr zur ‚alten Rechtschreibung' und unter dem Einfluss der neuen Norm, die die Liberalisierung des Kommas in diesem Kontext wahrnimmt, das Kommasetzungsverhalten der Autoren der *Frankfurter Allgemeine Zeitung* bei koordinierten Hauptsätzen verändert. Ab 2001 verdreifacht sich fast die Anzahl der normwidrigen Kommaauslassungen innerhalb dieser syntaktischen Konstruktion von 4,17 auf 13,51 Prozent, gleichzeitig reduziert sich die Verwendung des Beistrichs um fast zehn Prozentpunkte von 90,28 auf 81,08 Pro-

---

263 COSMAS II, F03/307.33561 Frankfurter Allgemeine, 21.07.2003; „Deutsche Soldaten verlassen Kabul".
264 COSMAS II, F97/707.38816 Frankfurter Allgemeine, 30.07.1997; „Der hohe Dollarkurs spiegelt das Konjunkturgefälle wider; Furcht der Anleger vor einem weichen Euro / Holger Steltzner und Claus Tigges berichten".
265 COSMAS II, F05/507.31469 Frankfurter Allgemeine, 23.07.2005.
266 Die Frankfurter Allgemeine Zeitung setzte die reformierte Rechtschreibung am 1. August 1999 um, kehrte allerdings bereits ein Jahr später, am 1. August 2000, zur alten Rechtschreibung zurück.

zent.[267] Die Verwendung von Beistrich und sonstigen Trennungszeichen verändert sich hingegen nicht.

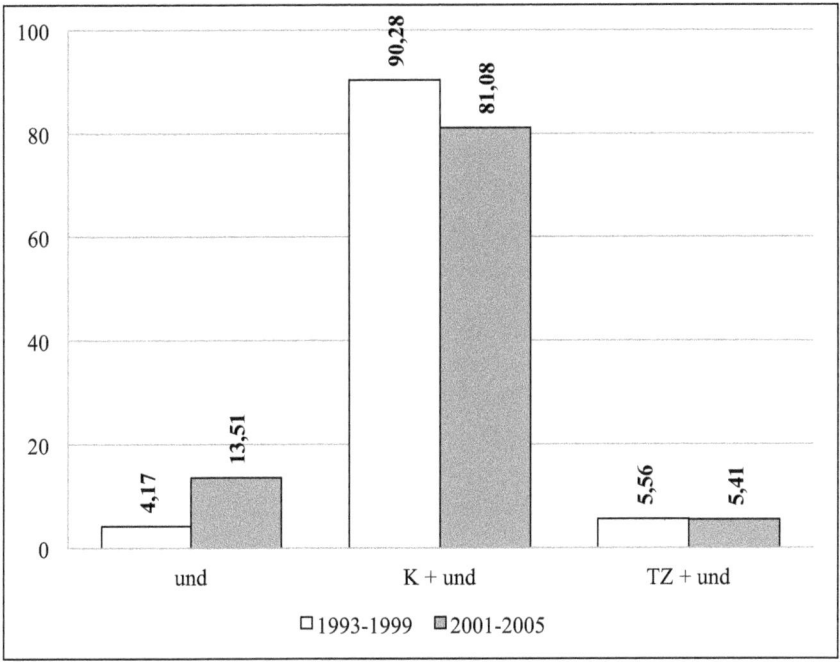

Abb. 13:   Vergleich des Kommasetzungsverhaltens im Geltungsbereich der alten Rechtschreibung (1991) und der neuen Rechtschreibung (1996) bei koordinierten Hauptsätzen, die mit der koordinierenden Konjunktion »und« miteinander verbunden sind (in Prozent) | Frankfurter Allgemeine Zeitung

Dieses Ergebnis lässt vermuten, dass die kompetenten Schreiber die mit der Rechtschreibreform (1996) eingeführte systemkonforme Liberalisierung der Kommasetzung bei koordinierten Hauptsätzen während der einjährigen Anwendungsphase angenommen und aufgrund ihrer Schriftsystementsprechung auch nach Rückkehr zur ‚alten Rechtschreibung' tendenziell beibehalten haben. Sie verhalten sich in Bezug auf das für sie gültige Rechtschreibregelwerk (1991) normwidrig, wenden jedoch mit der Rechtschreibreform (1996) liberalisierte schriftsystemkonforme Kommasetzung an.

---

267   Diese Veränderungen des Kommasetzungsverhaltens sind – wie die Berechnungen im Anhang dieser Arbeit (Kapitel 8) zeigen – statistisch signifikant.

6.1.2 Infinitivkonstruktionen

Die Untersuchung des Kommasetzungsverhaltens bei Satzkonstruktionen mit erweitertem Infinitiv wurde für Kontrollverben mit obligatorischer, fakultativer und ausgeschlossener Integration der Infinitivgruppe durchgeführt. In der sich an die automatische Korpusrecherche anschließenden manuellen Untersuchung der ausgelesenen Belegsätze wurden wie schon in der ersten Korpusrecherche (vgl. Kapitel 5.2.2) folgende Konstruktionen nicht berücksichtigt und finden sich nicht in den finalen Belegen wieder:

- Satzkonstruktionen mit einfachem Infinitiv[268]
- Satzkonstruktionen, in denen der Infinitiv mit dem übergeordneten Satz verschränkt oder in diesen eingebettet ist[269]
- Satzkonstruktionen, in denen die Infinitivgruppe mit einer Partikel (um, als, anstatt, ohne, statt) eingeleitet wird[270]
- Satzkonstruktionen, in denen aufgrund von parenthetischen Einschüben keine eindeutige Aussage über das Kommasetzungsverhalten getroffen werden kann

Die für die Untersuchung relevanten Belegsätze wurden folgendermaßen kategorisiert:

- Infinitivgruppen, die nicht mit Komma abgetrennt wurden (weiß)
- Infinitivgruppen, die mit Komma abgetrennt wurden (grau)

Sonstige Trennungszeichen wie Semikolon, Klammern und Gedankenstrich wurden bei der Auswertung nicht berücksichtigt.

6.1.2.1 Obligatorisch-kohärente Infinitivkonstruktionen

Die Untersuchung nach Sätzen mit Infinitivgruppen, die mit dem Kontrollverb »scheinen« obligatorisch eine kohärente Verbindung eingehen, lieferte im Kor-

---

268 Konstruktionen mit einfachen Infinitiven traten innerhalb des Korpus nur in geringer Menge auf, sodass eine adäquate Aussage über das Kommasetzungsverhalten nicht möglich ist.

269 Innerhalb dieser Konstruktionen liegt immer eine kohärente Verknüpfung der Infinitivgruppe vor und sie überlassen dem Schreibenden keinerlei Wahlfreiheit, sodass diese für die hier durchgeführte Untersuchung nicht relevant sind.

270 Mit diesen Partikeln eingeleitete Infinitivgruppen sind immer satzwertig und werden demnach bei der Untersuchung von obligatorisch-kohärent und fakultativ-kohärent angeknüpften Infinitivgruppen nicht berücksichtigt. Ausgenommen ist die Untersuchung der inkohärenten Infinitivkonstruktionen, bei der anhand von Infinitivgruppen, die mit der Partikel »um« eingeleitet werden, das Kommasetzungsverhalten untersucht wird.

pus der *Frankfurter Allgemeine Zeitung* insgesamt 2.142 Belege, die sich folgendermaßen über den Untersuchungszeitraum verteilen:

Tabelle 14: »*scheinen« mit angeknüpfter Infinitivgruppe | Verteilung der Belege über den Untersuchungszeitraum*

1993	1995	JUL 97	JUL 99	JUL 01	JUL 03	JUL 05
307	319	300	294	318	292	312

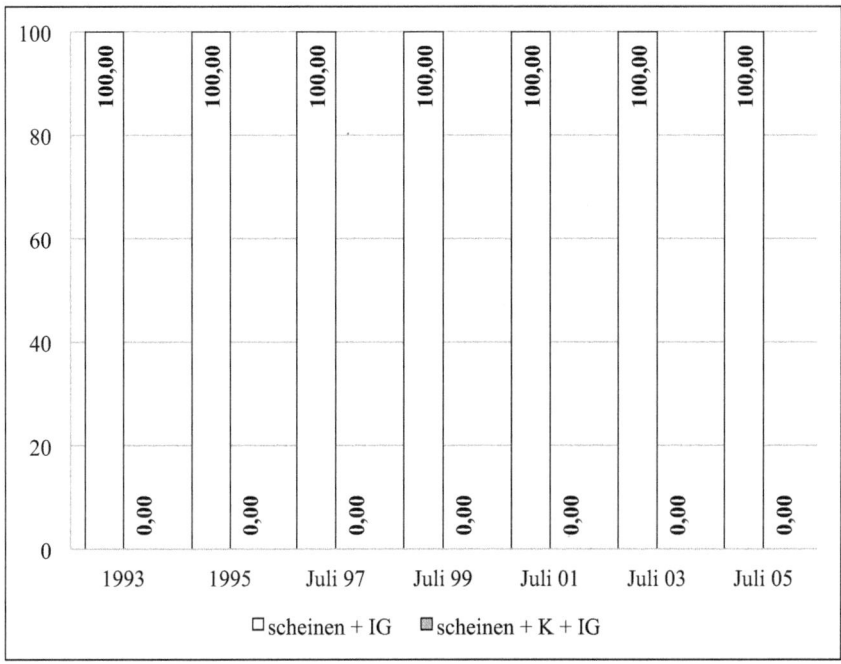

Abb. 14: *Kommasetzung bei »scheinen« mit angeknüpfter Infinitivgruppe (in Prozent) | Frankfurter Allgemeine Zeitung*

Innerhalb der Belegsätze wurden keine Vorkommen gefunden, in denen die Infinitivgruppe mit Beistrich vom übergeordneten Matrixverb »scheinen« abgetrennt wurde (vgl. Abb. 14). In 100 Prozent der Fälle erkannten die Sprachbenutzer die obligatorische Integration der Infinitivgruppe und wendeten Kommasetzung innerhalb dieser syntaktischen Konstruktion sowohl schriftsystemkonform (PRIMUS) als auch normkonform (DUDEN)[271] an (vgl. (135.)). Es lassen sich innerhalb der Belege keine Indizien dafür finden, dass die Sprachbenutzer Schwierigkeiten bei der Anwendung der Norm haben und sich dementsprechend normwidrig verhalten.

(135.) Er *schien* Lust an der Politik zu gewinnen.[272]

Neben den Ergebnissen aus Kapitel 5.2.2.1 ist diese Untersuchung ein weiterer Beleg dafür, dass in Bezug auf obligatorisch-kohärente Infinitive die Norm im Rahmen der Rechtschreibreform (1996) ohne Vorliegen einer Notwendigkeit freigestellt und ein schriftsystemwidriger Regeltyp geschaffen wurde.

6.1.2.2 Inkohärente Infinitivkonstruktionen

Insgesamt konnten im Korpus der *Frankfurter Allgemeinen Zeitung* 1.941 Belegsätze gefunden werden, in denen die Infinitivgruppe mit der Partikel »um« eingeleitet wird. Keine Berücksichtigung bei der Untersuchung fanden Belege, in denen die Infinitivgruppe an die erste Position des Satzgefüges trat oder die von einem sonstigen Trennungszeichen (Semikolon, Gedankenstrich, Doppelpunkt, Klammer) vom restlichen Satz abgetrennt wurden. Die Belegsätze verteilen sich wie folgt über den Untersuchungszeitraum:

Tabelle 15: Mit »um« eingeleitete Infinitivgruppen| Verteilung der Belege über den Untersuchungszeitraum

1993	1995	JUL 97	JUL 99	JUL 01	JUL 03	JUL 05
266	269	256	295	288	289	278

Dieses Untersuchungsergebnis (vgl. Abb. 15) lässt eindeutige Aussagen über das Kommasetzungsverhalten zu. Lediglich in einem einzigen unter den 1.941 gefundenen Belegsätzen wurde die satzwertige Infinitivgruppe nicht mit Komma abgetrennt (vgl. (136.)).

(136.) Die Nachricht, daß es nun auf dem Kurfürstendamm ein buddhistisches Kloster gebe, ist leider zu schön *um* wahr *zu sein.*[273]

---

271 Duden (1991): R 107.
272 COSMAS II, F05/507.28240 Frankfurter Allgemeine, 13.07.2005; „Große Erwartungen".
273 COSMAS II, F01/107.47463 Frankfurter Allgemeine, 28.07.2001; „Endlich ein Tempel für Freizeit-Buddhisten".

(137.) In den nächsten Jahren fehlten noch 650 Millionen Euro, *um* den Haushalt *auszugleichen*.[274]

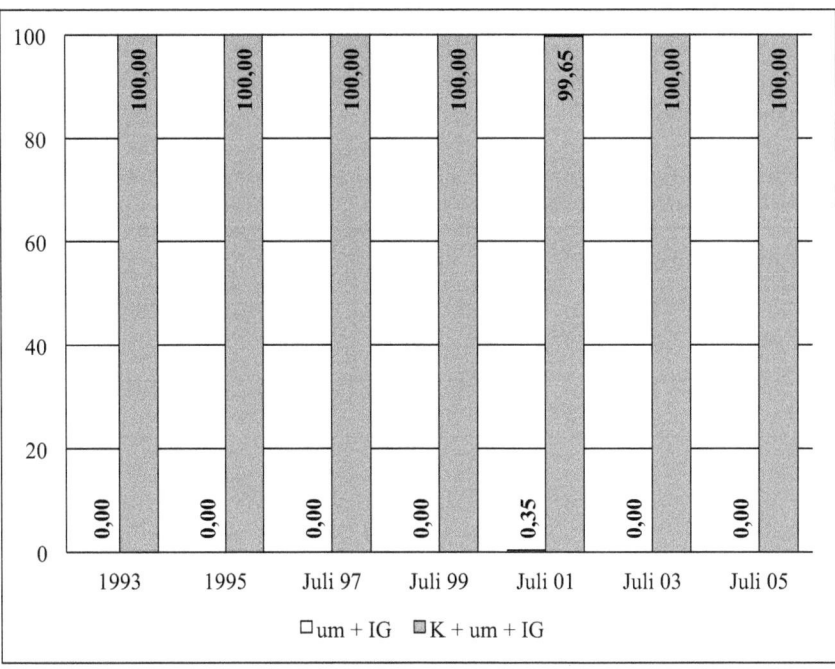

Abb. 15: *Kommasetzung bei Infinitivgruppen, die mit der Partikel »um« eingeleitet werden (in Prozent) | Frankfurter Allgemeine Zeitung*

In allen anderen Konstruktionen erkennen die Sprachbenutzer das inkohärente Verhalten der Infinitivgruppe und trennen diese mit Beistrich vom übergeordneten Matrixverb ab (vgl. (137.)). Unsicherheiten des Sprachbenutzers bezüglich der Kommasetzung bei satzwertigen Infinitiven sind nicht zu erkennen.

Auch diese Ergebnisse belegen, dass in Bezug auf inkohärente Infinitive die Norm im Rahmen der Rechtschreibreform (1996) ohne Vorliegen einer Notwendigkeit freigestellt und ein schriftsystemwidriger Regeltyp geschaffen wurde.

---

274 COSMAS II, F03/307.30523 Frankfurter Allgemeine, 10.07.2003; „Scherf bekräftigt Sparkurs in Bremen".

6.1.2.3 Fakultativ-kohärente Infinitivkonstruktionen

Zur Untersuchung des Kommasetzungsverhaltens bei Matrixverben mit fakultativer Integration des Infinitivs konnten innerhalb des Korpus der *Frankfurter Allgemeine Zeitung* insgesamt 540 Belegsätze gefunden werden, in denen die Infinitivgruppe fakultativ eine kohärente Verbindung mit dem Kontrollverb »versuchen« einging.

Tabelle 16: »versuchen« mit angeknüpfter Infinitivgruppe | Verteilung der Belege über den Untersuchungszeitraum

JUL 94	JUL 95	JUL 97	JUL 00	JUL 03	JUL 07	JUL 09
94	45	72	83	69	80	97

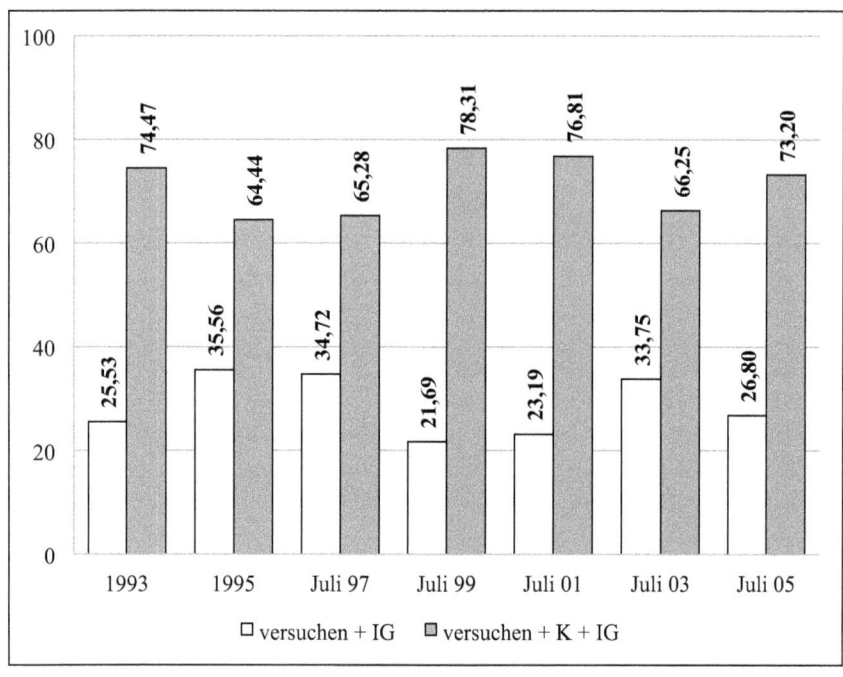

Abb. 16: Kommasetzung bei »versuchen« mit angeknüpfter Infinitivgruppe (in Prozent) | Frankfurter Allgemeine Zeitung

Wie bereits in der in Kapitel 5.2.2.3 durchgeführten Untersuchung wurden auch diesmal nur Infinitivgruppen berücksichtigt, die als Ergänzungen zum Matrixverb fungieren und keine Kohärenzrestriktionen verletzen,[275] wodurch dem Schreibenden eine Wahlfreiheit in Bezug auf die Kommasetzung eingeräumt wird.

Diese Korpusuntersuchung zum Kommasetzungsverhalten bei fakultativ-kohärenten Infinitiven von Sprachbenutzern, die die reformierte Rechtschreibung (1996) nicht anwendeten (vgl. Abb. 16), liefert ähnliche Ergebnisse wie die vorhergehende Untersuchung (vgl. Kapitel 5.2.2.3).

Die Ergebnisse zeigen, dass bei syntaktischen Konstruktionen, in denen die Infinitivkonstruktion keine Kohärenzrestriktionen verletzen, die Sprachbenutzer mehrheitlich die Infinitivgruppe mit Beistrich vom übergeordneten Matrixverb abtrennen.

Eine Entwicklung bzw. Veränderung des Kommasetzungsverhaltens ist über den Untersuchungszeitraum nicht zu erkennen. Dies belegt wiederum die schon in Kapitel 5.2.2.3 gemachte Feststellung, dass fakultativ-kohärente Infinitive auffälliger für Faktoren sind, die Kohärenz stören und konstruieren bevorzugt inkohärent mit extraponiertem Infinitiv.[276]

6.2 Zusammenfassung

Diese Untersuchung zum Kommasetzungsverhalten kompetenter Schreiber, die sich nicht im Geltungsbereich der reformierten Rechtschreibung (1996) befanden, hat Aufschluss über das Verhältnis zwischen norm- und systemkonformem Kommasetzungsverhalten gegeben.

Koordinierte vollständige selbstständige Sätze, die mit einer echten koordinierenden Konjunktion verbunden sind, werden von dieser Gruppe in überwiegender Mehrheit (86,54 Prozent) zusätzlich mit dem Beistrich abgetrennt. Lediglich 8,53 Prozent der Belege weisen eine Absence des Kommas auf. Auffällig ist jedoch, dass sich das Kommasetzungsverhalten dieser Sprachbenutzer im Verlauf der Rechtschreibreform (1996) signifikant verändert hat, obwohl diese eigentlich keinen Einfluss auf deren Kommaanwendung hätte haben dürfen. Von 1993 bis 1999 wird lediglich in 4,17 Prozent der gefundenen Belege auf das Komma verzichtet, von 2001 bis 2005 verdoppeln sich die gefundenen Belegsätze mit normwidriger Kommasetzung jedoch auf 13,51 Prozent. Hier kann da-

---

275 vgl. Primus 1993, 1997; Jacobs 1991 und Bech 1955.
276 Vgl. Grosse (2005): S. 185.

von ausgegangen werden, dass die neue liberalisierte Norm der Rechtschreibreform (1996) sekundäre Auswirkungen auf diese Referenzgruppe hatte.

Die Untersuchung zur Kommasetzung bei Infinitivkonstruktionen lieferte ähnliche Ergebnisse wie die erste Korpusrecherche. Die kompetenten Sprachbenutzer wenden Kommasetzung entsprechend dem Integrations- und Kohärenzverhalten von Infinitiven an. Obligatorisch-kohärente Infinitivgruppen werden nicht, inkohärente Infinitivgruppen werden immer mit Beistrich vom übergeordneten Matrixverb abgetrennt. Bei Infinitivkonstruktionen, in denen die Infinitivgruppe als Ergänzung zum Matrixverb fungiert und keine Kohärenzrestriktionen verletzt, machen die Sprachbenutzer von der im Schriftsystem und in der Norm abgedeckten Wahlfreiheit Gebrauch, konstruieren jedoch überwiegend inkohärent.

7. Fazit

Das Hauptziel meiner Arbeit war es, das Kommasetzungsverhalten deutschsprachiger kompetenter Sprachbenutzer anhand eines schriftsprachlichen Korpus zu untersuchen und zu zeigen, dass diese syntaktisch determinierten Regularitäten zur Kommasetzung im Deutschen folgen (vgl. PRIMUS 1993). Dazu wurde im Rahmen von zwei Untersuchungen eines schriftsprachlichen Korpus das Kommasetzungsverhalten bei koordinativ verbundenen Hauptsätzen, bei obligatorisch-kohärenten, fakultativ-kohärenten und inkohärenten Infinitivkonstruktionen und bei Herausstellungen untersucht. Ein weiterer Fokus dieser Arbeit lag auf der Untersuchung des Einflusses der Rechtschreibreform (1996) auf das Kommasetzungsverhalten der Sprachbenutzer, die Aufschluss darüber geben sollte, ob die 1996 neu eingeführten Normen messbar innerhalb dieser syntaktischen Konstruktionen das Kommasetzungsverhalten der kompetenten Sprachbenutzer veränderten.

Die durchgeführte Korpusrecherche ermöglicht, qualitative Aussagen darüber zu treffen, ob kompetente Sprachbenutzer die jeweils gültigen Normen zur Kommasetzung im Falle von koordinierten selbstständigen Sätzen, Satzkonstruktionen mit erweitertem Infinitiv und Herausstellungskonstruktionen anwendeten oder nicht. Damit können die unter Kapitel 4 herausgearbeiteten Fragestellungen eindeutig anhand des Kommasetzungsverhaltens kompetenter Sprachbenutzer beantwortet werden.

In Bezug auf das Kommasetzungsverhalten kompetenter Sprachbenutzer bei Koordination von Hauptsätzen, die mit einer echten koordinierenden Konjunktion verbunden sind, zeigen die Ergebnisse der Korpusuntersuchungen, dass bereits vor Einführung der Rechtschreibreform (1996) innerhalb dieser syntaktischen Konstruktion das durch die Normen auferlegte Kommagebot eine große Fehlerquelle bei den Schreibenden war. Kompetente Sprachbenutzer der *Nürnberger Nachrichten* (24,80 Prozent) und der *Frankfurter Allgemeine Zeitung* (4,17 Prozent) verhielten sich vor 1999 normwidrig und verzichteten innerhalb dieser syntaktischen Konstruktion auf den Beistrich.

Weiter konnte gezeigt werden, dass die eingeführten Normveränderungen im Rahmen der Rechtschreibreform (1996) nachweisbar Auswirkungen auf das Kommasetzungsverhalten der Sprachbenutzer bei koordinativ verbundenen Sätzen hatten. So verzichteten die kompetenten Schreiber der *Nürnberger Nachrichten*, die sich ab 1999 im Geltungsbereich der neuen Rechtschreibung (1996) befanden, in 34,67 Prozent (bis 1999: 24,80 Prozent) der gefundenen Belegsätze auf den Beistrich. Lediglich in 48,00 Prozent (bis 1999: 64,00 Prozent) der gefundenen Belege wurden die Konjunkte zusätzlich zur koordinierenden Konjunktion mit Komma abgetrennt. Bemerkenswert ist, dass auch bei Autoren, die die reformierte Rechtschreibung nicht umsetzen und im Rahmen einer hauseigenen Rechtschreibnormierung an den alten Normen (1991) bis in das Jahr 2005 festhielten, ab 2001 eine höhere Tendenz zu normwidrigem Verhalten in Bezug auf dieses Rechtschreibregelwerk festzustellen ist. Obwohl koordinativ verbundene Sätze laut dieser hausinternen Norm mit Komma abzutrennen sind, verhalten sich die Sprachbenutzer nicht entsprechend dieser Norm, sondern machen von der Liberalisierung der Kommasetzung im neuen Normsystem (1996) Gebrauch und verzichten immer häufiger auf das Komma: Die Anzahl der gefundenen koordinierten Hauptsätze, die ausschließlich mit einer echten koordinierenden Konjunktion verbunden sind und in denen kein Beistrich oder sonstiges Trennungszeichen verwendet wird, erhöht sich von 4,17 auf 13,51 Prozent.

Diese Ergebnisse belegen, dass Sprachbenutzer in nicht unerheblichem Maße den von PRIMUS aufgestellten syntaktischen Regularitäten zur Kommasetzung bei Koordination folgen und damit angenommen werden kann, dass „die Auslassung des Kommas in diesem Fall nicht syntaktisch motiviert ist, sondern, wenn überhaupt, nur durch das funktionale Prinzip der Ökonomie der Markierung zu erklären ist"[277]. Damit wurde aus der Perspektive des Schriftsystems mit der Rechtschreibreform (1996) das Kommagebot vor einer echten koordinierenden Konjunktion zwischen längeren und nicht eng zusammengehörenden vollständigen selbstständigen Sätzen berechtigterweise aufgehoben, um diese große Quelle normwidrigen Verhaltens zu versiegen.

In Bezug auf das Kommasetzungsverhalten bei obligatorisch-kohärenten, fakultativ-kohärenten und inkohärenten Infinitivkonstruktionen wurde im Rahmen dieser Arbeit gezeigt, dass Sprachbenutzer über den gesamten Untersuchungszeitraum und unabhängig von den in ihrem Geltungsbereich gültigen Normen Kommasetzung bei Infinitivgruppen entsprechend dem Integrationsverhalten und der Kohärenzrestriktionen von Infinitiven (vgl. BECH 1995), die auch Grundlage für den von PRIMUS (1993) und GALLMANN (1992) entwickelten syntaktischen Beschreibungsansatz sind, anwenden.

Bis zur Rechtschreibreform (1996) berücksichtigte die Normierung weitestgehend das Kohärenzverhalten von Infinitiven, verklausulierte jedoch diese zugrunde liegende Regularität in einer unübersichtlichen Darstellungsweise, die in vielen unterschiedlichen und nicht zusammengehörenden Einzelregelungen mündete. Demnach war es nicht verwunderlich, dass die Sprachbenutzer Kom-

---

277 Primus (1993): S. 248.

masetzung als sehr komplex und schwer überschaubar[278] ansahen. Im Rahmen der Rechtschreibreform (1996) wurde die Kommasetzung bei Infinitivkonstruktionen liberalisiert und innerhalb dieser syntaktischen Konstruktionen freigestellt. Wie gezeigt wurde, kann diese Normänderung nach PRIMUS (1997) zu schriftsystemwidrigen Kommasetzungen führen, da das jeweilige Kohärenzverhalten der Infinitive keinerlei Berücksichtigung findet. Erst im Rahmen der zweiten Überarbeitungsstufe der Rechtschreibreform (2006) wurde dieses im Rahmen der Normierung ansatzweise wieder berücksichtigt.

Beide Korpusuntersuchungen belegen, dass obligatorisch-kohärente Infinitivgruppen innerhalb der gefundenen Belegsätze von kompetenten Sprachbenutzern zu (annähernd) 100 Prozent nicht mit Beistrich abgetrennt werden. Darüber hinaus wurde gezeigt, dass die Liberalisierung der Kommasetzung im Rahmen der Rechtschreibreform (1996) für diese Konstruktionen keinerlei Auswirkungen auf das Kommasetzungsverhalten hatte – kohärent angeknüpfte Infinitivgruppen wurden weiterhin von den Sprachbenutzern nicht mit Komma abgetrennt. Somit konnte belegt werden, dass die Freistellung der Kommasetzung bei kohärent angeknüpften Infinitiven, die zwischen 1996 und 2006 in der Norm verankert war, eine schriftsystemwidrige Norm war. Kompetente Sprachbenutzer verhielten sich nicht schriftsystemwidrig und machten von der neu kodifizierten Norm keinen Gebrauch.

Für das Kommasetzungsverhalten bei Infinitiven, die nie eine kohärente Verknüpfung mit dem übergeordneten Matrixverb eingehen, zeigten die Korpusuntersuchungen, dass Sprachbenutzer fast ausnahmslos (zwischen 99 und 100 Prozent) die Infinitivgruppe mit Beistrich abtrennen. Auch im Geltungsbereich der reformierten Rechtschreibung (1996) machten die Sprachbenutzer von der – laut Norm – freigestellten Kommasetzung keinen Gebrauch und verhielten sich entsprechend dem Kohärenzverhalten der Infinitive schriftsystemkonform und bestätigen damit PRIMUS' Annahme, dass es sich auch in diesem Falle bei der generellen Freistellung der Kommasetzung, unabhängig vom jeweiligen Kohärenzverhalten, um eine schriftsystemwidrige Norm[279] handelt.

Die Korpusuntersuchung für Infinitivkonstruktionen, die eine +/- kohärente Verknüpfung mit dem Matrixverb eingehen und die keine Kohärenzrestriktionen verletzen, zeigt, dass Sprachbenutzer über den gesamten Untersuchungszeitraum durchschnittlich in mehr als Zweidrittel der gefundenen Belegsätze[280] die Infini-

---

278 Diese Einschätzung teilt eine Vielzahl an Sprachwissenschaftlern und wurde so oder in abgewandelter Form schon in mehreren wissenschaftlichen Publikationen zum Ausdruck gebracht. Vergleiche zum Beispiel Baudusch 1987 und Nerius (2007).
279 Primus (1997): S. 485.
280 In den Nürnberger Nachrichten werden 79,58 Prozent der gefundenen Infinitivkonstruktionen mit Komma abgetrennt, in der Frankfurter Allgemeine Zeitung 71,85 Prozent.

tivgruppe mit Komma abtrennen und somit von einer inkohärenten Konstruktion ausgehen. Dieses Kommasetzungsverhalten ist sowohl bei Sprachbenutzern, die ab 1999 die neuen Rechtschreibregelungen anwenden, als auch bei denjenigen, die die Rechtschreibreform (1996) nicht umgesetzt haben, festzustellen. Unterstützt wird dieses Untersuchungsergebnis von GROSSE (2005), die in mehreren Kohärenztests nachgewiesen hat, dass grundsätzlich als ‚fakultativ' kohärent zu bezeichnende Verben bevorzugt inkohärent mit extraponiertem Infinitiv konstruieren.[281] Sie sind extrem auffällig für Faktoren, die Kohärenz stören können, und sind deshalb in ihrem Kohärenzverhalten obligatorisch kohärenten Verben nicht vergleichbar.[282] Die meisten Sprachbenutzer erkennen in den gefundenen Belegsätzen zwischen Matrixverb und Infinitivgruppe eine intervenierende Satzgrenze und trennen die Infinitivgruppe mit Komma ab. Dementsprechend kann auch für fakultativ-kohärente Infinitive angenommen werden, dass diese im Deutschen den Kohärenzrestriktionen von BECH unterliegen, was PRIMUS' Annahme einer syntaktischen Determination der Kommasetzung belegt.

Zusammenfassend belegen die Ergebnisse der Korpusrecherchen zur Kommasetzung bei Infinitivkonstruktionen, dass – obwohl vom DUDEN nicht erfasst – der kompetente Sprachbenutzer Kommasetzung entsprechend dem Integrations- und Kohärenzverhalten von Infinitiven durchgängig anwendet. Hier liegt augenscheinlich eine sprachimmanente Schriftsystemregularität vor – wie PRIMUS sie annimmt – die vom Sprachbenutzer implizit erfasst und angewendet wird. Dementsprechend hätte im Rahmen der Rechtschreibreform (1996) die Kommasetzung bei Infinitivgruppen nicht grundsätzlich freigestellt werden dürfen, da diese Norm zu schriftsystemwidrigen Schreibweisen führen kann. Diese Tatsache bestätigt das Kommasetzungsverhalten der Sprachbenutzer, die sich konträr zu den gültigen Normen verhalten und unbewusst das Kohärenzverhalten von Verben berücksichtigen. Die 1996 eingeführte Freistellung der Kommasetzung bei Infinitivgruppen war demnach eine nicht vom Schriftsystem abgedeckte Norm und wurde konsequenterweise im Rahmen der zweiten Überarbeitungsstufe der Rechtschreibreform (2006) aufgehoben, sodass im aktuell gültigen Rechtschreibduden Integrationsrestriktionen und Kohärenzverhalten von Infinitiven zumindest ansatzweise wieder Berücksichtigung finden.

Somit kann für die Kommanormierung bei Infinitivkonstruktionen festgestellt werden, dass die Liberalisierungsbestrebungen im Rahmen der Normierung von 1996 bis 2006 gescheitert sind und überflüssig waren. Vielmehr hätte bei den Reformbemühungen (1996) das kohärente Anknüpfungsverhalten von Infinitiven nicht vernachlässigt werden dürfen, sondern hätte berücksichtigt

---

281 Grosse (2005): S. 185.
282 Grosse (2005): S. 41.

werden müssen. Die Sprachbenutzer haben dieses – unabhängig von der Normierung – durchgängig berücksichtigt und hätten vielmehr von der Einführung einer übersichtlich strukturierteren Darstellungsform der zugrunde liegenden syntaktischen Regularitäten profitiert als von Normen, die nicht in ihrem Sprachsystem verankert sind.

Über die Untersuchung des Kommasetzungsverhaltens der Sprachbenutzer bei koordinierten vollständigen Sätzen und bei Infinitivkonstruktionen, deren Normierung im Rahmen der Rechtschreibreform (1996) überarbeitet wurde, hinaus wurden im Rahmen dieser Arbeit auch Herausstellungskonstruktionen untersucht, bei denen die kodifizierten Normen nicht reformiert wurden. PRIMUS und DUDEN unterscheiden sich in diesem Fall nicht in Bezug auf die Anwendung der Kommasetzung, jedoch auf Beschreibungs- und Erklärungsebene. Für beide ist die Motivation zur Kommasetzung oder Kommaauslassung bei aus dem Matrixsatz herausgestellten Elementen unterschiedlich, sie kommen aber auf dasselbe Ergebnis.

Die Ergebnisse der Korpusrecherche für nachgestellte Erläuterungen (Nachtrag) belegen, dass nachgestellte Erläuterungen von den Sprachbenutzern fast ausschließlich mit Komma, Semikolon oder Gedankenstrich vom übergeordneten Satz abgetrennt werden[283] und damit Kommasetzung sowohl normkonform als auch schriftsystemkonform anwenden. Die mit »nämlich« eingeleiteten Parenthesen werden immer durch ein Interpunktionszeichen abgetrennt. Dabei zeigt sich eine klare Präferenz für das Komma, das in 77,01 Prozent der gefundenen Belege zur Abtrennung eingesetzt wird. Andere Trennungszeichen kamen nur in 22,99 Prozent der Belege vor – Kommaauslassung konnte nicht festgestellt werden. Diese Ergebnisse meiner Untersuchung zum Kommasetzungsverhalten bei nachgestellten Erläuterungen werden auch durch die von Svenja Diel durchgeführten Fallstudien anhand eines schriftsprachlichen Korpus der *Frankfurter Rundschau* belegt, in denen mit der Partikel »nämlich« eingeleitete Parenthesen in 86,39 Prozent der gefundenen Belege und damit am weitaus häufigsten mit Komma abgetrennt werden und eine klare Präferenz für die Auszeichnung mit Komma besteht.[284]

Die Korpusuntersuchung zum Kommasetzungsverhalten bei parenthetischen Einschüben belegt, dass epistemische Einstellungsbekundungen, wie sie im Falle des parenthetischen Einschubs von »wenn möglich« vorliegen, eher durch

---

283 100 Prozent der Sprachbenutzer trennen mit »nämlich« eingeleitete nachgestellte Erläuterungen mit Beistrich oder einem anderen Trennungszeichen ab und in 91,31 Prozent der Belegsätze werden mit »und zwar« eingeleitete nachgestellte Erläuterungen mit Komma, Semikolon oder Gedankenstrich vom übergeordneten Satz abgetrennt.
284 Diel (2010): S. 18.

Verwendung von Interpunktionszeichen aus dem Satzzusammenhang herausgestellt werden als temporale Einschübe wie »wie immer«. Dieses Verhalten der Sprachbenutzer ist ein Beleg dafür, dass bestimmte syntaktische Konstruktionen und die darin verwendeten Elemente eher Herausstellung induzieren. Im Satzzusammenhang auftretende Signalwörter oder Konstituenten[285] motivieren den Sprachbenutzer, bestimmte Elemente herauszustellen – je nach Stärke dieser Signale entscheidet sich der Sprachbenutzer für oder gegen eine syntaktisch herausgestellte Konstruktion. Dieses syntaktische Verhalten parenthetischer Einschübe findet im Rechtschreibduden keine Berücksichtigung, stattdessen werden diese unter der verwirrenden Terminologie ‚formelhaft gebrauchte [verkürzte] Nebensätze' mit ausschließlichem Bezug auf die Kommasetzung bei syntaktisch eingebetteten Sätzen dargestellt. Die Verwendung als herausgestellte Elemente und die damit zusammenhängenden Regularitäten werden nicht thematisiert. Die Ergebnisse dieser Untersuchung belegen jedoch, dass Sprachbenutzer diese Herausstellungskonstruktionen differenzierter anwenden, welche auch in der Normbeschreibung innerhalb des Rechtschreibdudens Berücksichtigung finden sollten.

Insgesamt zeigt die Untersuchung für Herausstellungskonstruktionen, dass sich die Sprachbenutzer über den gesamten Untersuchungszeitraum sowohl normkonform als auch schriftsystemkonform verhalten. Jedoch werden im Rechtschreibduden die Kommasetzung bei Herausstellungen und die zugrunde liegende einfache Regularität durch eine verwirrende Terminologie und eine unsystematische Gliederung der Normen verdunkelt.[286] Hier wäre eine einfachere und dem Schriftsystem entsprechende Darstellung wünschenswert.

Zusammenfassend zeigt diese Arbeit, dass sich kompetente Schreiber im Konfliktfall zwischen Norm und Schriftsystemregularität implizit nicht nach orthografischen Normen der Kommasetzung, sondern – gleichermaßen implizit – nach den Schriftsystemregularitäten der Kommasetzung richten. Kommasetzung bei koordinierten Hauptsätzen, Infinitivkonstruktionen und Herausstellungen wird vom Sprachbenutzer durchgängig entsprechend schriftsystemimmanenter Regularitäten angewendet, unabhängig von der jeweils gültigen Norm. Selbst wenn nicht vom Schriftsystem abgedeckte Normen kodifiziert werden, haben diese keine nachhaltige Auswirkung auf das Kommasetzungsverhalten der Sprachbenutzer, sondern haben lediglich zur Konsequenz, dass das Recht-

---

285 Epistemische Einstellungsbekundungen, wie sie unter Verwendung des Adverbs »möglich« ausgedrückt werden, induzieren eher Herausstellung als die temporalen Einschübe »wie immer«. Darüber leitet »wenn« oftmals einen mit Beistrich abgetrennten (Neben-)Satz ein (Ich freue mich, wenn du kommst), während »wie« nicht satzwertige Ausdrücke einleitet (Igor ist so groß wie Torsten).

286 Primus (1997): S. 483.

schreibregelwerk seiner Funktion als unterstützendes und hilfestellendes Instrument für die Schreibenden nicht gerecht wird. Lediglich wenn keine systemkonforme Beschränkung vorliegt, nämlich bei koordinierten Hauptsätzen, die mit einer echten koordinierenden Konjunktion verbunden sind, konnte ein Normeinfluss festgestellt werden. Nicht schriftsystemkonforme Normen werden vom Sprachbenutzer ignoriert.

Dementsprechend wurde im Rahmen der Rechtschreibreform (1996) das schriftsystemwidrige Kommagebot bei koordinierten Hauptsätzen, die mit einer echten koordinierenden Konjunktion verbunden sind, berechtigterweise aufgehoben und die Normierung den schriftsystemimmanenten Mechanismen angepasst.

Die Liberalisierung der Kommasetzung bei Infinitivgruppen im Rahmen der Rechtschreibreform (1996) war hingegen nicht vom Schriftsystem abgedeckt, wurde dementsprechend nicht von den Sprachbenutzern umgesetzt und musste folgerichtig im Rahmen der zweiten Reformstufe der Rechtschreibreform (2006) wieder abgeschafft werden.

Als Anforderung an ein Normsystem kann somit formuliert werden, dass die Normen immer die schriftsprachlichen Regularitäten und das tatsächliche Kommasetzungsverhalten der Sprachbenutzer erfassen und in allgemeinverständlicher und dem Schriftsystem entsprechender Struktur darstellen sollten. Systemwidrige Normen werden, wie in dieser Arbeit gezeigt, vom Sprachbenutzer nicht akzeptiert.

8 Anhang

8.1 Daten der Korpusrecherchen

Für die in dieser Arbeit durchgeführten Korpusrecherchen wurden aus der Volltextdatenbank COSMAS II[287] insgesamt über 32.000 Sätze (≈14.000 im Korpus der *Nürnberger Nachrichten* und ≈18.000 im Korpus der *Frankfurter Allgemeine Zeitung*) ausgelesen, manuell gesichtet und dahingehend überprüft, ob diese eine für die durchgeführte Untersuchung passende syntaktische Konstruktion enthalten. Im Anschluss daran wurden die herausgefilterten Belegsätze bezüglich der in ihnen angewendeten Interpunktion untersucht und entsprechend klassifiziert.

Der komplette Datenbestand ist online unter www.peterlang.de/?262882 verfügbar und kann eingesehen werden. Die Daten unterliegen dem Urheberrecht, welches bei den entsprechenden Redaktionen/Verlagen liegt. Eine Nutzung der Daten ist nur zu rein wissenschaftlichen und nicht kommerziellen Zwecken gestattet.[288]

Die Datenstruktur orientiert sich an der Kapitelstruktur dieser Arbeit.

---

287 Institut für Deutsche Sprache (2011b): Deutsches Referenzkorpus/Archiv der Korpora geschriebener Gegenwartssprache 2011-II (Release vom 27.09.2011). Mannheim: Institut für Deutsche Sprache. http://www.ids-mannheim.de/DeReKo
288 Vgl. http://www.ids-mannheim.de/cosmas2/projekt/registrierung/

8.2 Tabellen zur Korpusrecherche in Kapitel 5

Grundlage der erhobenen Daten ist die COSMAS-II-interne Datenbank der Tageszeitung *Nürnberger Nachrichten*.

Kommasetzung bei koordinierten Hauptsätzen, die mit der koordinierenden Konjunktion »und« miteinander verbunden sind

Datum	gesamt		und		K + und		TZ + und	
	abs.	%	abs.	%	abs.	%	abs.	%
03.07.93	37	100,00	8	21,62	27	72,97	2	5,41
02.07.94	33	100,00	9	27,27	21	63,64	3	9,09
01.07.95	29	100,00	9	31,03	14	48,28	6	20,69
05.07.97	26	100,00	5	19,23	18	69,23	3	11,54
01.07.00	38	100,00	9	23,68	20	52,63	9	23,68
05.07.03	24	100,00	9	37,50	12	50,00	3	12,50
07.07.07	44	100,00	15	34,09	21	47,73	8	18,18
04.07.09	44	100,00	19	43,18	19	43,18	6	13,64

Kommasetzung bei »scheinen« mit kohärent angeknüpfter Infinitivgruppe

Datum	gesamt		scheinen + IG		scheinen + K + IG	
	abs.	%	abs.	%	abs.	%
Juli 94	50	100,00	50	100,00	0	0,00
Juli 95	62	100,00	62	100,00	0	0,00
Juli 97	81	100,00	81	100,00	0	0,00
Juli 00	63	100,00	63	100,00	0	0,00
Juli 03	78	100,00	78	100,00	0	0,00
Juli 07	103	100,00	103	100,00	0	0,00
Juli 09	91	100,00	91	100,00	0	0,00

Kommasetzung bei »brauchen« mit kohärent angeknüpfter Infinitivgruppe

Datum	gesamt		brauchen + IG		brauchen + K + IG	
	abs.	%	abs.	%	abs.	%
Juli 94	15	100,00	15	100,00	0	0,00
Juli 95	20	100,00	20	100,00	0	0,00
Juli 97	26	100,00	26	100,00	0	0,00
Juli 00	14	100,00	14	100,00	0	0,00
Juli 03	11	100,00	11	100,00	0	0,00
Juli 07	17	100,00	17	100,00	0	0,00
Juli 09	15	100,00	15	100,00	0	0,00

Kommasetzung bei inkohärenten Infinitivgruppen, die mit der Partikel »um« eingeleitet werden

Datum	gesamt		um + IG		K + um + IG	
	abs.	%	abs.	%	abs.	%
Juli 94	487	100,00	2	0,41	485	99,59
Juli 95	507	100,00	3	0,59	504	99,41
Juli 97	546	100,00	0	0,00	546	100,00
Juli 00	585	100,00	5	0,85	580	99,15
Juli 03	603	100,00	4	0,66	599	99,34
Juli 07	798	100,00	5	0,63	793	99,37
Juli 09	778	100,00	6	0,77	772	99,23

Kommasetzung bei »versuchen« mit fakultativ-kohärent angeknüpfter Infinitivgruppe

Datum	gesamt		versuchen + IG		versuchen + K + IG	
	abs.	%	abs.	%	abs.	%
Juli 94	35	100,00	11	31,43	24	68,57
Juli 95	56	100,00	9	16,07	47	83,93
Juli 97	27	100,00	5	18,52	22	81,48
Juli 00	41	100,00	10	24,39	31	75,61
Juli 03	32	100,00	8	25,00	24	75,00
Juli 07	42	100,00	9	21,43	33	78,57
Juli 09	52	100,00	7	13,46	45	86,54

Kommasetzung bei »versprechen« und »glauben« mit fakultativ-kohärent angeknüpfter Infinitivgruppe

Datum	gesamt		versprechen & glauben + IG		versprechen & glauben + K + IG	
	abs.	%	abs.	%	abs.	%
Juli 94	9	100,00	1	11,11	8	88,89
Juli 95	9	100,00	2	22,22	7	77,78
Juli 97	10	100,00	1	10,00	9	90,00
Juli 00	5	100,00	1	20,00	4	80,00
Juli 03	9	100,00	2	22,22	7	77,78
Juli 07	13	100,00	2	15,38	11	84,62
Juli 09	7	100,00	1	14,29	6	85,71

Kommasetzung bei Nachträgen, die mit »nämlich« eingeleitet werden

Datum	gesamt		nämlich		K + nämlich		TZ + nämlich	
	abs.	%	abs.	%	abs.	%	abs.	%
Juli 94	26	100,00	0	0,00 %	20	76,92	6	23,08
Jul 95	21	100,00	0	0,00 %	16	76,19	5	23,81
Juli 97	30	100,00	0	0,00 %	23	76,67	7	23,33
Juli 00	21	100,00	0	0,00 %	17	80,95	4	19,05
Juli 03	35	100,00	0	0,00 %	29	82,86	6	17,14
Juli 07	29	100,00	0	0,00 %	19	65,52	10	34,48
Juli 09	25	100,00	0	0,00 %	20	80,00	5	20,00

Kommasetzung bei Nachträgen, die mit »und zwar« eingeleitet werden

Datum	gesamt		und zwar		K + und zwar		TZ + und zwar	
	abs.	%	abs.	%	abs.	%	abs.	%
Juli 94	17	100,00	2	11,76	10	58,82	5	29,41
Jul 95	16	100,00	3	18,75	7	43,75	6	37,50
Juli 97	31	100,00	3	9,68	18	58,06	10	32,26
Juli 00	29	100,00	4	13,79	14	48,28	11	37,93
Juli 03	24	100,00	2	8,33	14	58,33	8	33,33
Juli 07	36	100,00	0	0,00	15	41,67	21	58,33
Juli 09	54	100,00	4	7,41	25	46,30	25	46,30

Kommasetzung bei Herausstellung von »wie immer«

Datum	gesamt		wie immer		K + wie immer + K		TZ + wie immer + TZ	
	abs.	%	abs.	%	abs.	%	abs.	%
Juli 94	38	100,00	31	81,58	3	7,89	4	10,53
Jul 95	36	100,00	23	63,89	5	13,89	8	22,22
Juli 97	38	100,00	28	73,68	4	10,53	6	15,79
Juli 00	52	100,00	36	69,23	8	15,38	8	15,38
Juli 03	61	100,00	53	86,89	6	9,84	2	3,28
Juli 07	105	100,00	96	91,43	7	6,67	2	1,90
Juli 09	85	100,00	76	89,41	4	4,71	5	5,88

Kommasetzung bei Herausstellung von »wenn möglich«

Datum	gesamt		wenn möglich		K + wenn möglich + K		TZ + wenn möglich + TZ	
	abs.	%	abs.	%	abs.	%	abs.	%
Juli 94	7	100,00	4	57,14	2	28,57	1	14,29
Jul 95	7	100,00	4	57,14	2	28,57	1	14,29
Juli 97	10	100,00	5	50,00	5	50,00	0	0,00
Juli 00	7	100,00	1	14,29	5	71,43	1	14,29
Juli 03	13	100,00	7	53,85	4	30,77	2	15,38
Juli 07	14	100,00	5	35,71	8	57,14	1	7,14
Juli 09	13	100,00	3	23,08	8	61,54	2	15,38

Anhang 117

8.3 Tabellen zur Korpusrecherche in Kapitel 6

Grundlage der erhobenen Daten ist die COSMAS-II-interne Datenbank der Tageszeitung *Frankfurter Allgemeine Zeitung*.

Kommasetzung bei koordinierten Hauptsätzen, die mit der koordinierenden Konjunktion »und« miteinander verbunden sind

Datum	gesamt		und		K + und		TZ + und	
	abs.	%	abs.	%	abs.	%	abs.	%
1993	41	100,00	1	2,44	36	87,80	4	9,76
1995	31	100,00	1	3,23	29	93,55	1	3,23
Juli 97	36	100,00	2	5,56	33	91,67	1	2,78
Juli 99	36	100,00	2	5,56	32	88,89	2	5,56
Juli 01	47	100,00	6	12,77	40	85,11	1	2,13
Juli 03	30	100,00	4	13,33	24	80,00	2	6,67
Juli 05	34	100,00	5	14,71	26	76,47	3	8,82

Kommasetzung bei »scheinen« mit kohärent angeknüpfter Infinitivgruppe

Datum	gesamt		scheinen + IG		scheinen + K + IG	
	abs.	%	abs.	%	abs.	%
1993	307	100,00	307	100,00	0	0,00
1995	319	100,00	319	100,00	0	0,00
Juli 97	300	100,00	300	100,00	0	0,00
Juli 99	294	100,00	294	100,00	0	0,00
Juli 01	318	100,00	318	100,00	0	0,00
Juli 03	292	100,00	292	100,00	0	0,00
Juli 05	312	100,00	312	100,00	0	0,00

Kommasetzung bei inkohärenten Infinitivgruppen, die mit der Partikel »um« eingeleitet werden

Datum	gesamt		um + IG.		K + um + IG	
	abs.	%	abs.	%	abs.	%
1993	266	100,00	0	0,00	266	100,00
1995	269	100,00	0	0,00	269	100,00
Juli 97	256	100,00	0	0,00	256	100,00
Juli 99	295	100,00	0	0,00	295	100,00
Juli 01	288	100,00	1	0,35	287	99,65
Juli 03	289	100,00	0	0,00	289	100,00
Juli 05	278	100,00	0	0,00	278	100,00

Kommasetzung bei »versuchen« mit fakultativ-kohärent angeknüpfter Infinitivgruppe

Datum	gesamt		versuchen + IG		versuchen + K + IG	
	abs.	%	abs.	%	abs.	%
1993	94	100,00	24	25,53	70	74,47
1995	45	100,00	16	35,56	29	64,44
Juli 97	72	100,00	25	34,72	47	65,28
Juli 99	83	100,00	18	21,69	65	78,31
Juli 01	69	100,00	16	23,19	53	76,81
Juli 03	80	100,00	27	33,75	53	66,25
Juli 05	97	100,00	26	26,80	71	73,20

8.4 Statistische Berechnung

Zu Abb. 2: Vergleich des Kommasetzungsverhaltens im Geltungsbereich der alten Rechtschreibung (1991) und der neuen Rechtschreibung (1996) bei koordinierten Hauptsätzen, die mit der koordinierenden Konjunktion »und« miteinander verbunden sind (in Prozent) | Nürnberger Nachrichten

Hypothese (H0): Der Unterschied der Daten ist nicht signifikant.

Gegenhypothese (H1): Die festgestellten Abweichungen bezüglich des Kommasetzungsverhaltens vor (1993 bis 1997) und nach (2000 bis 2009) Einführung der reformierten Rechtschreibung sind statistisch signifikant.

Das Ergebnis ergibt sich unter der Annahme, dass die Abweichung in beiden Testgruppen einer Normalverteilung unterliegt. In dieser statistischen Berechnung wird von einer Abweichungswahrscheinlichkeit i. H. v. 5 Prozent ausgegangen. Ist der ermittelte p-Wert höher als 5 Prozent, so gilt H0; liegt er zwischen 0 und 5 Prozent, so gilt H1.

Datenbasis

Datum	und abs.	und %	K + und abs.	K + und %	TZ + und abs.	TZ + und %	gesamt abs.
03.07.93	8	21,62	27	72,97	2	5,41	37
02.07.94	9	27,27	21	63,64	3	9,09	33
01.07.95	9	31,03	14	48,28	6	20,69	29
05.07.97	5	19,23	18	69,23	3	11,54	26
01.07.00	9	23,68	20	52,63	9	23,68	38
05.07.03	9	37,50	12	50,00	3	12,50	24
07.07.07	15	34,09	21	47,73	8	18,18	44
04.07.09	19	43,18	19	43,18	6	13,64	44

T-Test

2-seitig:	p=0,0992	p=0,0623	p=0,2481
1-seitig:	p=0,0496	p=0,0311	p=0,1240

Chi-Quadrat-Test

Chi-Quadrat nach Pearson:	7,1204
df:	2
p-Wert	0,02843

Zu Abb. 13: Vergleich des Kommasetzungsverhaltens im Geltungsbereich der alten Rechtschreibung (1991) und der neuen Rechtschreibung (1996) bei koordinierten Hauptsätzen, die mit der koordinierenden Konjunktion »und« miteinander verbunden sind (in Prozent) | Frankfurter Allgemeine Zeitung

Hypothese (H0): Der Unterschied der Daten ist nicht signifikant.

Gegenhypothese (H1): Die festgestellten Abweichungen bezüglich des Kommasetzungsverhaltens vor (1993 bis 1999) und nach (2001 bis 2005) Einführung der reformierten Rechtschreibung sind statistisch signifikant.

Das Ergebnis ergibt sich unter der Annahme, dass die Abweichung in beiden Testgruppen einer Normalverteilung unterliegt. In dieser statistischen Berechnung wird von einer Abweichungswahrscheinlichkeit i. H. v. 5 Prozent ausgegangen. Ist der ermittelte p-Wert höher als 5 Prozent, so gilt H0; liegt er zwischen 0 und 5 Prozent, so gilt H1.

Datenbasis

Datum	und abs.	%	K + und abs.	%	TZ + und abs.	%	gesamt abs.
1993	1	2,44	36	87,80	4	9,76	41
1995	1	3,23	29	93,55	1	3,23	31
Juli 97	2	5,56	33	91,67	1	2,78	36
Juli 99	2	5,56	32	88,89	2	5,56	36
Juli 01	6	12,00	40	80,00	4	8,00	50
Juli 03	4	12,50	24	75,00	4	12,50	32
Juli 05	5	14,71	26	76,47	3	8,82	34

T-Test

2-seitig:	p=0,0008	p=0,0016	p=0,0894
1-seitig:	p=0,0004	p=0,0008	p=0,0447

Chi-Quadrat-Test

Chi-Quadrat nach Pearson: 8.6889
df: 2
p-Wert 0.01298

9 Literatur

ALTMANN, Hans (1981): Formen der ‚Herausstellung' im Deutschen. Tübingen: Niemeyer.

AUGST, Gerhard/Schaeder, Burkhard (1997): Die Architektur des amtlichen Regelwerks. In: Augst, Gerhard/Blüml, Karl (Hrsg.) (1997): Zur Neuregelung der deutschen Orthographie. Begründung und Kritik. Tübingen: Niemeyer, S. 73–92.

BAUDUSCH, Renate (1980): Zu den sprachwissenschaftlichen Grundlagen der Zeichensetzung. In: Nerius, Dieter/Scharnhorst, Jürgen (Hrsg.): Sprache und Gesellschaft (Band 16), Theoretische Probleme der deutschen Orthographie. Berlin: Akademie-Verlag, S. 193–230.

BAUDUSCH, Renate (1982): Das einfache und das doppelte Komma. In: Sprachpflege 23, S. 70ff.

BAUDUSCH, Renate (1987): Ist unser Komma entbehrlich? In: Sprachpflege 36, S. 125–140.

BAUDUSCH, Renate (1997): Zur Reform der Zeichensetzung – Begründung und Kommentar. In: Augst, Gerhard/Blüml, Karl (Hrsg.) (1997): Zur Neuregelung der deutschen Orthographie. Begründung und Kritik. Tübingen: Niemeyer, S. 243–258.

BECH, Gunar (1955): Studien über das deutsche Verbum Infinitum. 1. Band. Kopenhagen.

BESCH, Werner (1981): Zur Entwicklung der deutschen Interpunktion seit dem späten Mittelalter. In: Interpretation und Edition deutscher Texte des Mittelalters. Festschrift für John Asher zum 60. Geburtstag/hrsg. von Kathryn Smits, u. a. – Berlin: Schmidt, S. 187–206.

BESCH, Werner (2007): Wege und Irrwege der deutschen Rechtschreibreform von 1998 – Korrekturen des 2004 eingesetzten Rates für deutsche Rechtschreibung. In: Nordrhein-Westfälische Akademie der Wissenschaften (Hrsg.): Vorträge G409. Paderborn: Ferdinand Schöningh.

BIELING, Alexander: Entwicklung der deutschen Interpunktion bis auf unsere Zeit. In: Germanistische Linguistik 4-6/83. Texte zur Geschichte der deutschen Interpunktion und ihrer Reform 1462–1983/hrsg. von Burckhard Garbe, Hildesheim (u. a.): Olms, 1984, S. 1–18

BREDEL, Ursula (2009): Das Interpunktionssystem des Deutschen. In: Angelika Linke, Helmuth Feilke (Hrsg.): Oberfläche und Performanz. Tübingen: Niemeyer, S. 117–136.

BUßMANN, Hadumod (2002): Lexikon der Sprachwissenschaft, 3. Auflage, Stuttgart.

DIEL, Svenja (2010): Kommas, Klammern und Gedankenstriche in der Interpunktion des Deutschen. Magisterarbeit an der Universität zu Köln.

DUDEN (1991): Die Rechtschreibung der deutschen Sprache. Hrsg. von der Dudenredaktion. 20. Auflage, Mannheim.

DUDEN (1996): Die Rechtschreibung der deutschen Sprache. Hrsg. von der Dudenredaktion. 21. Auflage, Mannheim.

DUDEN (2004): Die Rechtschreibung der deutschen Sprache. Hrsg. von der Dudenredaktion. 23. Auflage, Mannheim.

DUDEN (2006): Die Rechtschreibung der deutschen Sprache. Hrsg. von der Dudenredaktion. 26. Auflage, Mannheim.

EISENBERG, Peter (1979): Grammatik oder Rhetorik. Über die Motiviertheit unserer Zeichensetzung. In: Zeitschrift für germanistische Linguistik 7, S. 323–337.

EISENBERG, Peter (2006): Grundriss der deutschen Grammatik, Band 2: Der Satz. 3. Auflage. Stuttgart: J. B. Metzler.

FUHRHOP, Nana (2009): Orthografie. 3. Auflage, Heidelberg: Universitätsverlag Winter.

GARBE, Burckhart (Hrsg.) (1984): Texte zur Geschichte der deutschen Interpunktion und ihrer Reform 1462–1983. Hildesheim [u. a.]: Olms.

GALLMANN, Peter (1985): Graphische Elemente der geschriebenen Sprache. Tübingen: Niemeyer (= Reihe Germanistische Linguistik, 60).

GALLMANN, Peter (1992): Das Komma beim Infinitiv. In: Typografische Monatsblätter 1/1992. S. 10–16.

GALLMANN, Peter (1996): Interpunktion »Syngrapheme«. In: Günther, Hartmut/Ludwig, Otto (Hrsg.) (1996): Schrift und Schriftlichkeit. Ein interdisziplinäres Handbuch internationaler Forschung. Berlin: de Gruyter.

GALLMANN, Peter/Sitta, Horst (1997): Zum Begriff der orthographischen Regel. In: Augst, Gerhard/Blüml, Karl (Hrsg.) (1997): Zur Neuregelung der deutschen Orthographie. Begründung und Kritik. Tübingen: Niemeyer, S. 93–112.

GALLMANN, Peter (1997): Zum Komma bei Infinitivgruppen. In: Augst, Gerhard/Blüml, Karl (Hrsg.) (1997): Zur Neuregelung der deutschen Orthographie. Begründung und Kritik. Tübingen: Niemeyer, S. 435–462.

GLÜCK, Helmut (2005): Metzler Lexikon Sprache, 3. Auflage, Stuttgart.

GROSSE, Julia (2005): Zu Kohärenz und Kontrolle in infiniten Konstruktionen des Deutschen. Marburg: Tectum-Verlag.

HARTWEG, Frédéric/Wegera, Klaus-Peter (1989): Frühneuhochdeutsch. Eine Einführung in die deutsche Sprache des Spätmittelalters und der frühen Neuzeit. Tübingen: Niemeyer.

HÖCHLI, Stefan (1981): Zur Geschichte der Interpunktion im Deutschen. Eine kritische Darstellung der Lehrschriften von der zweiten Hälfte des 15. Jahrhunderts bis zum Ende des 18. Jahrhunderts. Berlin, New York: de Gruyter.

HERBERG, Dieter (1997): Aussageabsicht als Schreibungskriterium – ein alternatives Reformkonzept für die Regelung der Getrennt- und Zusammenschreibung (GZS). In: Augst, Gerhard/Blüml, Karl (Hrsg.) (1997): Zur Neuregelung der deutschen Orthographie. Begründung und Kritik. Tübingen: Niemeyer, S. 365–378.

ICKLER, Theodor (1997): Kritischer Kommentar zur „Neuregelung der deutschen Rechtschreibung". In: Detlef Leistner und Dietmar Peschel-Rentsch (Hrsg.): Erlanger Studien, Band 116, Erlangen & Jena: Palm & Enke.

ICKLER, Theodor (2004): Rechtschreibreform in der Sackgasse – Neue Dokumente und Kommentare. St. Goar: Leibniz Verlag.

ILLAUER, Wolfgang: Deutsch – eine Sprache wird beschädigt. Oreos Verlag.

KÖLLER, Wilhelm (2004): Perspektivität und Sprache. Berlin, New York: de Gruyter.

KOHRT, Manfred (1997): Orthographische Normen in der demokratischen Gesellschaft. In: Augst, Gerhard/Blüml, Karl (Hrsg.) (1997): Zur Neuregelung der deutschen Orthographie. Begründung und Kritik. Tübingen: Niemeyer, S. 295–316.

NERIUS, Dieter (Hg.) (2007): Deutsche Orthographie. Hildesheim: Georg Olms Verlag.

OSTERWINTER, Ralf (2011): Die Rechtschreibreform (1996/1998) in Pressetexten: Eine kritische Analyse der Agentur-Orthographie und ihrer Umsetzung in der Frankfurter Allgemeinen Zeitung. Heidelberg: Universitätsverlag Winter.

PRIMUS, Beatrice (1993): Sprachnorm und Sprachregularität: Das Komma im Deutschen. In: Deutsche Sprache 21, S. 244–263.

PRIMUS, Beatrice (1996): Syntaktische Determination statt rhetorischer Freiheit: Das Komma im Deutschen und Rumänischen. In: Ehrlich, Konrad (Hrsg.): Interpunktion. Tübingen: Stauffenburg.

PRIMUS, Beatrice (1997): Satzbegriffe und Interpunktion. In: Augst, Gerhard/Blüml, Karl (Hrsg.): Zur Neuregelung der deutschen Orthographie. Begründung und Kritik. Tübingen: Niemeyer, S. 463–488.

PRIMUS, Beatrice (2008): Diese – etwas vernachlässigte – pränominale Herausstellung. In: Deutsche Sprache 2008 (1), S. 3–26.

RÄDLE, Karin (2003): Groß- und Kleinschreibung des Deutschen im 19. Jahrhundert – Die Entwicklung des Regelsystems zwischen Reformierung und Normierung. Heidelberg: Universitätsverlag Winter.

RIEBE, Manfred (Hg.) (1997): Der „stille" Protest – Widerstand gegen die Rechtschreibreform im Schatten der Öffentlichkeit. St. Goar: Leibniz Verlag.

RÖSSLER, Rudolf (1977): Ein Algorithmus als Hilfe bei der Kommasetzung. In: Sprachpflege 1 (DDR), S. 17–20.

SCHAEDER, Burkhard (1996): Rechtschreibung 2005 – Die Neuregelung der deutschen Rechtschreibung nach den Beschlüssen der Internationalen Wiener Orthographie-Konferenz vom 22.–24.1.1994 und den Beschlüssen der Konferenz der Kultusminister vom 1.12.1995. Siegen: SISIB.

SCHMIDT, Wilhelm (2000): Geschichte der deutschen Sprache. Ein Lehrbuch für das germanistische Studium. 8. Aufl., Stuttgart: Hirzel Verlag.

SLOTTA, Frank (2010): Historische Kommasetzung bei Luther. Schriftliche Hausarbeit im Rahmen der Ersten Staatsprüfung für das Lehramt an Gymnasien und Gesamtschulen, Universität zu Köln.

ZABEL, Hermann (1997/I): Die Geschichte der Reformbemühungen von 1970 bis 1995 in der BRD. In: Augst, Gerhard / Blüml, Karl (Hrsg.) (1997): Zur Neuregelung der deutschen Orthographie. Begründung und Kritik. Tübingen: Niemeyer, S. 7–14.

ZABEL, Hermann (1997/II): Der Internationale Arbeitskreis für Orthographie. In: Augst, Gerhard/Blüml, Karl (Hrsg.) (1997): Zur Neuregelung der deutschen Orthographie. Begründung und Kritik. Tübingen: Niemeyer, S. 47–66.

Germanistik – Didaktik – Unterricht

Herausgegeben von Ina Karg

Der Titel der Reihe "Germanistik – Didaktik – Unterricht" weist auf eine Verbindung der drei genannten Komponenten hin. Fachdidaktik wird als Vermittlungswissenschaft verstanden, die sowohl die Verantwortung gegenüber den fachwissenschaftlich bearbeiteten Gegenständen und Sachverhalten wahrnimmt als auch die Möglichkeiten der Umsetzbarkeit und der Bedeutung in unterrichtlichen und lebensweltlichen Situationen mitbedenkt. Das Verhältnis von Fachwissenschaft, Vermittlung und konkreter Praxis wird dabei nicht als hierarchisches, sondern als wechselseitiges verstanden. Dieser Programmatik folgen, auch bei unterschiedlicher Schwerpunktsetzung, die einzelnen Arbeiten der Reihe.

Band 1 Ina Karg: Diskursfähigkeit als Paradigma schulischen Schreibens. Ein Weg aus dem Dilemma zwischen *Aufsatz* und *Schreiben*. 2007.

Band 2 Ina Karg: Orthographieleistungsprofile von Lerngruppen der frühen Sekundarstufe I. Befunde – Kontexte – Folgerungen. Unter Mitarbeit von Katharina Thiemann. 2008.

Band 3 Ksenia Kuzminykh: Das Internet im Deutschunterricht. Ein Konzept der muttersprachlichen und der fremdsprachlichen Lese- und Schreibdidaktik. 2009.

Band 4 Inger Lison: „Du kennst mich nicht und schreibst trotzdem genau, wie es mir geht!". Erfolgreiche Rezeption und Innovation in ausgewählten Werken Astrid Lindgrens. 2010.

Band 5 Wolfgang Loch: Schriftliche Formulierungsprobleme in der Sekundarstufe II. Analysen und Förderungskonzepte. 2010.

Band 6 Thomas Bein / Hans Otto Horch (Hrsg.): Wissenstransfer im Deutschunterricht. Deutschjüdische Literatur und mittelalterliche Fachliteratur als Herausforderung für ein erweitertes Textverstehen. 2011.

Band 7 Désirée-Kathrin Gaebert: Zur Didaktik der satzinternen Großschreibung im Deutschen für die Sekundarstufe I. Wortartbezogene Umwege und syntaktische Katalysatoren. 2012.

Band 8 Iris Mende: Vermitteltes Mittelalter? Schulische und außerschulische Potentiale moderner Mittelalterrezeption. 2012.

Band 9 Marlon Berkigt: Normierung auf dem Prüfstand. Untersuchung zur Kommasetzung im Deutschen. 2013.

www.peterlang.de

www.ingramcontent.com/pod-product-compliance
Ingram Content Group UK Ltd.
Pitfield, Milton Keynes, MK11 3LW, UK
UKHW021127160426
5217IPUK00046B/63